静岡県＋周辺

七福神めぐり

ご利益巡礼さんぽ

伊豆　藤枝　浜松　豊橋

ふじのくに倶楽部 著

メイツ出版

はじめに

神社・仏閣は、数百年、場合によっては1000年以上前から
その土地にあり続ける存在だ。
残され、保存されてきたものを観ることで、
先人たちが繋いできた遺産を垣間見ることができる。
古の宮大工が技術を総結させた楼門・本殿・山門・本堂……。
見れば見るほどため息が出る見事さだ。
また、時には戦国時代の武将のお墓が建立されていたり、
歴史上、名の知れた人物のゆかりが記されていたりすることもある。

七福神めぐりは、七柱の神を祀る寺社を巡拝することで、開運を祈願するもの。
スタンプラリーのような感覚で回ることもあるかもしれないが、
ぜひそれぞれの寺社の歴史も感じながら、参拝してほしい。

七福神めぐりに対する対応は、コースによって実にさまざま。
観光コースとして誘致しているところもあれば、
管理者が不在になってしまったお寺が多いため、
実質的にコースとして成り立たなくなってしまったところもある。

今回、ご紹介するところは、観光向けではなく、
住職お一人やその家族で務めているお寺がほとんど。
七福神めぐりの本来の意味を考え、静かに参拝することを忘れないでほしい。

なお、不在の際は、防犯の都合上、本堂に入ることができないこともある。
また、参拝の際、葬儀・法要・祭事等が行われている場合は
本堂等に入ることができない。
この場合は、案内説明等の参拝対応や御朱印をいただけないことも。
その際は、迷惑がかからないよう、本堂の外から静かに参拝しよう。

静岡県+周辺
七福神めぐり ご利益巡礼さんぽ

CONTENTS

本書の使い方

How to use

❸ MAP

モデルルートに合わせた簡略化した地図を入れています。位置関係の参考にしてください。

❷ 紹介文

コースの紹介や、エリアの紹介を入れています。

❶ コース名

各コースで決められているコース名を入れています。

❼ 立ち寄りスポット

周辺の立ち寄りスポットや見どころスポットを紹介しています。また、コースによっては寺社の紹介の後にも立ち寄りスポットを掲載しています。行程に合わせて時間があれば立ち寄ってみてください。

❻ モデルルート

本書に記されたルートは、あくまでも参考ルートです。出発地や食事・宿泊の場所によって変わりますので、お好みでルートを設定してください。

❹ 参考情報

所要時間や移動距離、移動手段、問い合わせ先の情報を入れています。各コースにより、事前の連絡方法が異なるので、必ずこの部分をご確認の上、お出かけください。

❺ 七福神グッズ

専用の朱印帳や七福神関連のグッズがある場合はご紹介しています。紹介がないコースもあります。

※本書に掲載してある情報は、2019年10月現在のものです。各寺社やお店の情報は変更になることもありますので、事前に確認してからお出かけください。

七福神信仰のはじまり

平安時代に端を発するといわれている七福神信仰。古の頃から聖なる数字とされていた「七」になぞらえ、七神をそろえて信仰するようになったのは室町時代頃からといわれている。その後、徳川家康公が長い戦国時代を平定し、江戸幕府を開いた際、民政の安定と庶民救済の守り神として、天下泰平を願う庶民信仰として広めたという説がある。

宝船に乗ってやってくるといわれる七福神は、言わば開運・招福の象徴のような存在。海に囲まれた日本は、古くから「良いものは海の向こうから来る」というイメージがあった。七福神を信仰することで、「七難即滅 七福即生」(=七つの難がただちに滅び、七つの福が生まれるという意味)が与えられるとされている。七神が福とともにやってくる様子を想像するだけで、トラブルを解消してくれそうだ。

七福神は恵比寿、大黒天からはじまり、弁財天、毘沙門天が加わり、布袋尊、福禄寿、寿老人が入り、七福神になった。もともと七福神のモデルとなっていたのは、中国の「竹林の七賢」。三国時代の魏の国に存在した竹林に暮らした賢者たちで、戦乱から逃れ、悠々自適に過ごす様が絵に描かれた。日本でも禅僧を中心にこの絵を描くことが流行していたという。実は、七神とも出身国も宗教も異なる。さまざまな文化をミックスして取り入れるあたりが興味深いところだ。

七福神めぐりとは

七福神が祀られている寺社をめぐり、万福招来を祈願するのが七福神めぐり。参拝後には、御朱印や七福神を模した人形やお守りをいただくことで、七福神を家に迎え入れることができる。専用の台紙や色紙を用意しているコースもあれば、御朱印等に対応していないコースも。お正月に参拝する方が多いようだが、それぞれのお寺で催事を行っているので、それに合わせて参拝してもよい。

なお、本書で紹介するルートは、車で回りやすいルートを紹介しているが、あくまで一例。いずれも1日で回ることもできるが、遠方の場合は、宿泊観光を兼ねて泊まりで参拝するのもよい。

七福神の紹介

恵比寿《えびす》

商売繁盛と漁業の神様

七福神の中で唯一、日本出身。右手に釣竿を持ち、左手に鯛を抱えており、海の向こうからの漂着物を「エビス」と呼んでいたことからこの名がついたとも。大漁をもたらす商売繁盛の神様として、七福神の中でも人気が高い。お酒好きでもある。伊邪那岐命と伊邪那美命が最初に産んだ子どもである蛭子命という説や、大国主の子どもだという説など、諸説あり。

大黒天《だいこくてん》

五穀豊穣と台所の神様

インド出身で、ヒンズー教のマハーカーラという恐ろしい暗黒の神だったが、日本に伝来した際、因幡の白兎を救ったとされる神様・大国主と音読みが近いため一体化。五穀豊穣、台所の神様として知られ、米俵に乗った打ち出の小槌を振っている陽気なイメージの神様に。背中に背負っている大きな袋は、もとは大国主の兄弟神の荷物。たくさんの福を詰めた福袋になっている。

弁財天《べんざいてん》

芸能と恋愛の神様

インド出身で、ヒンズー教の神であり、河川の女神であるサラスバティーが、仏教に取り入れられ漢訳されたのが弁財天。七福神の中で唯一の女神。琵琶を持つ像が多いが、剣や弓、宝珠を掲げている像も。財産と才能を兼ね備えた女神なので、「弁財天」と表記されることもあれば「弁才天」と表記されることも。池の中の御堂など、水に関わる場所に祀られていることが多い。

毘沙門天《びしゃもんてん》

厄除けと戦いの神様

インド出身で、ヒンズー教における戦いと財宝の神・軍神クーベラがもとになっており、仏教の四天王の一人・多聞天としても取り上げられる。鎧兜で身を包み、右手には槍、左手には宝塔を持ち、まさに軍神らしい勇ましい出で立ち。開運と厄除け、そして戦いと武道・スポーツの神様。福を呼び込むだけでなく、病を追い払う役目も。強面の神様なだけに、心強い存在。

布袋尊《ほていそん》

平和と家運の神様

中国出身。七福神の中で唯一、人間だった神様で、もとは中国、唐の時代に実在した禅僧。死後、弥勒菩薩の生まれ変わりだとして神格化された。背中に担いでいるのは堪忍袋。「堪忍袋の緒が切れる」という言葉は、温厚な布袋さまでも怒るほどのことという例え。太った大きな体で、いつも微笑んでいたと伝えられる布袋さま。家運、平和、安穏、安産、子育ての神様。

福禄寿《ふくろくじゅ》

幸福と長寿の神様

中国出身で、幸福や長寿を司る寿星・南極老人星の化身の老人で、占いで生計を立て、酒代を得ていたという。道教の神様で、福(=幸福)、禄(=身分や財産)、寿(長寿)の名を持つ。他にも、健康、生活、経済の神様とも。長い頭と長いひげ、頭の長さと体の長さがほぼ同じ。身長が90cmほどだったという説も。杖を持ち、鶴や亀を従えた像が多く、寿老人と混同されることも多い。

寿老人《じゅろうじん》

長寿と家庭円満の神様

中国出身。日本人にとって、福禄寿に次いでもっともなじみが薄い神様で、福禄寿と同じ南極老人星の化身。長寿、健康、幸福、福徳、家庭円満の神様で、杖を持ち、長命の象徴であるシカを連れている姿が多い。杖には巻物がついていることも。上品な姿の老人だ。道教の神様で老子が仙人になった姿という説も。福禄寿と寿老人を一神とし、吉祥天などを加える地域もあるという。

お参りの作法

卍 寺院の参拝方法

①身だしなみを整え、山門の前で一礼。参道の端を歩き、境内へと進む
②手水舎で手と口を清める
③ろうそくや線香の用意がある場合は献灯・献香を行う
④本堂の前で会釈。お賽銭を入れ、鳴らし物があれば鳴らし、合掌。軽く会釈をしてから退く
（本堂に入る場合は、階段の下で靴を脱ぎ、本堂の扉を開け、一礼。御本尊や七福神の前で焼香、念仏、合掌。本堂を出る時も一礼する）
⑤希望に応じて納経や御朱印を受ける
⑥山門から出る際にも本堂に向かって合掌一礼

⛩ 神社の参拝方法

①身だしなみを整え、鳥居の前で一礼。参道の端を歩き、境内へと進む
②手水舎で手と口を清める
③社殿の前で会釈。お賽銭を入れ、二礼二拍手一礼。軽く会釈をしてから退く
⑤希望に応じて御朱印を受ける
⑥鳥居から出る際にも社殿に向かって一礼

※区切られた聖域には入らない
※建築物や仏像等には触れない
※境内は聖域なので、露出が高い服やサンダルは避ける
※撮影をしたい場合は確認を。基本的に仏像等は撮影不可

御朱印を受ける時のマナー

御朱印は、もともと写経を奉納した時の証として受けるものだったが、現代では参拝の証として数百円程度で受けることができる。必ず参拝後にいただこう。今回ご紹介する寺社は社務所が自宅になっている場合も多いので、常識的な時間に訪問を。なお、本堂内等にすでに用意されており、自分でスタンプを押すだけのところもある。七福神限定の御朱印も多い。

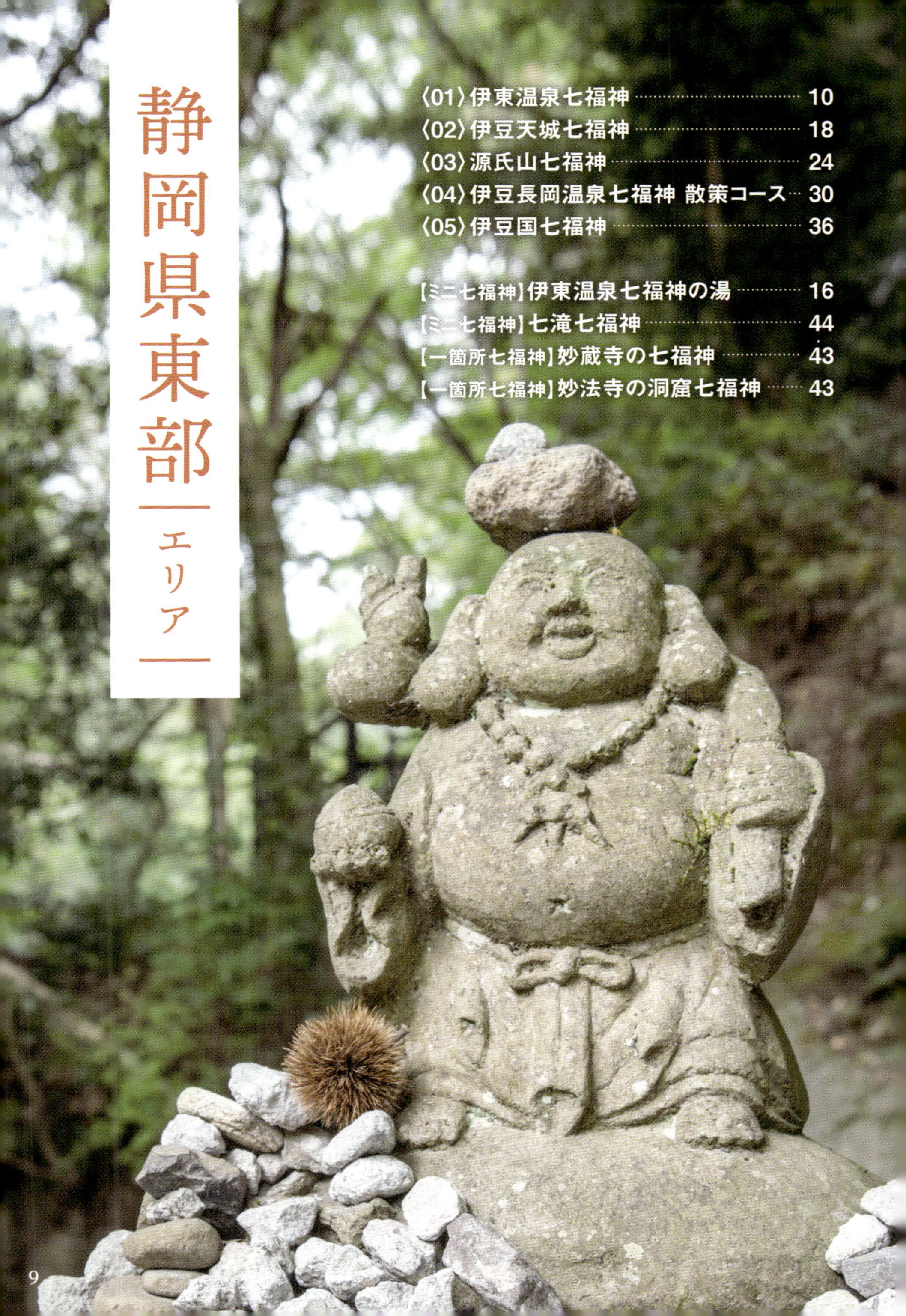

静岡県東部 エリア

course 01

伊東温泉七福神

いとうおんせんしちふくじん

3つの七福神めぐりができる風光明媚な伊東温泉

神社・仏閣が多い伊豆半島の中でも、伊東には「伊東温泉七福神（神社・お寺）」、「伊東温泉七福神の湯（銭湯）」（P16）、「お湯かけ七福神（湯の花道り）」の3つの「七福神」が存在する。温泉を楽しみながら、複数の七福神めぐりを一緒に行うのもお勧めだ。

伊東温泉七福神についての案内が載っているパンフレットも用意されている。この案内には、スタンプが押せる専用の台紙がセットになっているので、ぜひ手に入れたい。配布場所は伊東観光協会、もしくは各お寺へ確認を。

ご利益 七福神グッズ

専用台紙でスタンプ集め

各お寺にはスタンプ台が用意されており、自由に押せるところがほとんど。

所要時間

半日コース
（移動時間約40分）

移動距離 約14.5km

移動手段 車

問い合わせ 伊東観光協会（0557-37-6105）

お寺によっては不在のこともあるので、予め参拝日時や御朱印の有無等を確認してから訪問しよう。

1. **松月院** → 車で6分
2. **朝光寺** → 車で13分
3. **林泉寺** → 車で12分

立ち寄りスポット

お湯かけ七福神

伊東駅前の湯の花通り商店街の中に設置されたスタンプラリー形式の七福神めぐり。スタンプを集めると記念品をもらえる。

立ち寄りスポット

道の駅 伊東マリンタウン

飲食店、お土産、足湯、温泉、遊覧船とさまざまな楽しみ方ができる道の駅。[伊東市湯川571-19、0557-38-3811、無休(スパのみ不定休)]

4 東林寺
◀ 車で3分
5 最誓寺
◀ 車で2分
6 仏現寺
◀ 車で2分
7 新井神社

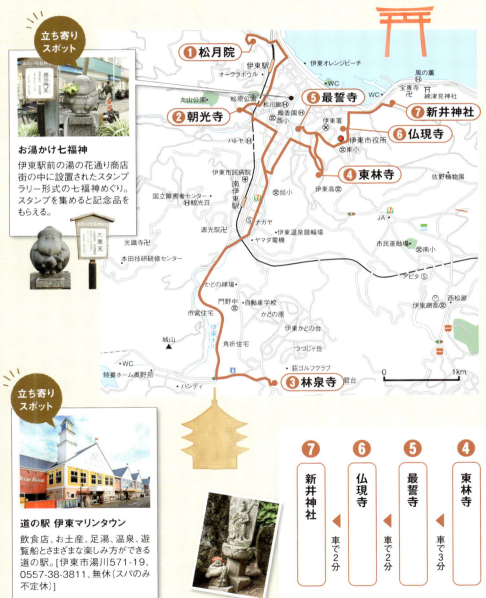

弁財天

① 松月院《しょうげついん》

伊東市湯川377　☎0557(37)2691

本堂左側の池の上に弁天堂があり、こちらに1685年に天神畠というところから発掘されたとされる金像の弁財天が祀られる。中に立ち入ることはできないが、扉越しに弁財天を拝観しよう。伊東は港町でもあるので、海上安全、財宝貯蓄祈願、無病息災祈願として信仰されている

伊東の街並みを一望。「桜寺」と呼ばれる美しいお寺

1183年に僧銀秀により真言宗のお寺として開創されたが、1607年に宗銀により曹洞宗に転宗している。そして、1671年には「亥の満水」の洪水で流出してしまうが、1706年に鶴峰亀丹により現在地に移転再興された。本尊は「釈迦牟尼仏」。

「松月院」という名を冠するほど、立派なマツの木が植えられ、鐘楼とともに名月鑑賞の地として知られている。伊東温泉を一望できる美しい眺望のお寺としても有名で、ぜひ天気のよい日に訪れたい。庭園には珍しい早咲きの彼岸桜をはじめ、さまざまな種類のサクラが植えられた「桜寺」としても知られている。特に山門をくぐった池の畔にある2本のコヒガンザクラは見事。

大黒天

② 朝光寺《ちょうこうじ》

伊東市岡416-1　☎0557(37)2278

素朴な木彫の大黒天は日蓮大聖人の開眼の御尊像

文化財として価値がある四万垂木と、樹齢200年と言われるつつじの古木があるお寺。花の時期になると無数の花が咲き乱れ、それは見事だ。鎌倉末期、真言宗の寺として松原寺山に創立されたが、日蓮大聖人が大黒天尊像を与えたことにより日蓮宗に改宗したという。本尊は十界大曼陀羅。帝釈天、鬼子母神も祀られ、本堂向かって右側へ進むと見えてくる七面堂には七面大明神も祀られ、こちらの右手奥に大黒天が祀られている。

福禄寿

③ 林泉寺《りんせんじ》

伊東市荻90　☎0557(37)7804

境内を埋め尽くすほどのフジの花が見事

静岡県指定文化財になっているフジは樹齢が200年余。4月下旬から5月初旬頃になると2株の大木に淡紫色の花が咲き、花の長さは最長1.5mになるものも。1545年に僧覚隣により真言宗から曹洞宗に改宗。1802年には開山大圓元鏡和尚から法地とされ、薬師如来像、月光菩薩像を祀った。本尊は釈迦如来。本堂向かって左側に奉祀されているのは、三十三体観世音菩薩と薬師如来は文化年間の作と伝えられる。5月8日には三十三観音の大祭が行われる。

布袋尊

④ 東林寺《とうりんじ》

伊東市馬場町2-2-19 ☎0557(37)3416

「曽我物語」の主人公の首塚がある古刹

平安末期作の地蔵菩薩を本尊とする曹洞宗のお寺。1145年~1150年の開創で、当時は久遠寺と称していたという。曽我物語の主人公・五郎十郎の首塚がある地としても知られる。伊豆の国押領使である伊東次郎祐親の嫡子河津三郎祐泰（曽我兄弟の父）は、同族工藤祐経の怨みをうけ、不慮の最期を遂げた。祐親は祐泰の菩提を弔うため入道し、東林院殿寂心入道と称したという。法名にちなみ久遠寺を東林寺と改め、伊東家代々の菩提寺となった。布袋尊は、本堂の右手の小さな御堂に安置されている。

寿老人

⑤ 最誓寺《さいせいじ》

伊東市音無町2-3 ☎0557(37)3752

源頼朝と縁を結んだ八重姫が立願して建立

本堂左手にある樹齢600年の大ソテツがひと際目を惹く。音無の森にある最誓寺は、1200年頃に北条義時の妻・八重姫の立願に基き創建された。八重姫は伊東領主・伊東祐親の娘だが、配流になっていた源頼朝と通じ千鶴丸を生むも、平家の寵臣だった父の怒りにふれ、千鶴丸を殺害される。その後、八重姫は北条義時に嫁ぐも千鶴丸を忘れられず、千鶴丸の西方成仏の意にちなみ、西成寺の建立を立願した。西成寺は、1596年に曹洞宗に改宗した際、現在の最誓寺と改めた。寿老神は本堂右手奥に安置されている。

毘沙門天

❻ 仏現寺《ぶつげんじ》

伊東市物見ケ丘2-30　☎0557(37)2177

古から祀られる毘沙門天
厄除け祖師として知られる

1261年、日蓮大聖人は立正安国論を北条執権に建白したことから幕府の反感を買い、伊東で法難に遭う。地元領主伊東氏の病を祈祷で治した縁により鬼門除けに建てられた毘沙門堂に3年の間、暮らしたという。これにより厄除け祖師として仰がれ、病気平癒祈願や厄除け祈願を受けに全国から参拝に訪れるようになった。その時の毘沙門天像（20㎝）が聖人尊定の十界大曼陀羅とともに祀られる。日本三大句碑の荻原井泉水の句碑もあり、節分祭、毘沙門天祭りも人気の行事。

恵比寿

❼ 新井神社《あらいじんじゃ》

伊東市新井2-15-1　☎0557(37)5555

伊東の裸まつりでも有名
漁業の神様・恵比寿を安置

伊東港、魚市場を見おろす高台にある新井神社は、大漁の神でもある。蛭子神、諏訪神、八幡神を祭神とし、かつては比留古神社といったという。創柱は1320年。1897年に蛭子神社に村内の諏訪神社、八幡神社を合祀し、1914年に社名を新井神社と改称。隔年の正月7日に、伊東の「裸まつり」として知られる神輿の海上渡御が有名。裸の若衆にかつがれた大神輿が真冬の海に繰り出し、海上安全・大漁・満作・招福を祈願する。また、毎年7月15日には「お天王さん」の祭りが賑やかに行われる。駐車場なし。

ミニ七福神

伊東温泉七福神の湯

いとうおんせんしちふくじんのゆ

伊東観光の際に立ち寄りたい共同浴場

源泉数780本と国内3位の源泉数を誇る伊東温泉。海沿いを中心に温泉街が広がり、10軒ほどの共同浴場がある。夕方になると、洗面器とタオルを片手に温泉へ向かう地元民を目にする。このうち8軒の入り口に七福神の石像が祀られている。（布袋尊が2軒あるため8軒。）「伊東温泉七福神」と同じエリアに、「伊東温泉七福神の湯」があり、スタンプラリーを楽しむこともできる。温泉のついでに立ち寄ってみるのもよい。

寿老人

❶ 和田寿老人の湯

わだじゅろうじんのゆ

伊東市竹の内2-7-24　℡0557-37-0633　営14:30〜22:30
休水曜、偶数月に連休あり　¥大人300円、小人100円　P12台

毘沙門天

❷ 毘沙門天芝の湯

びしゃもんてんしばのゆ

伊東市芝町2-3　℡0557-36-3377
営14:00〜22:00　休火曜、奇数月に連休あり
¥大人300円、小人100円　P26台

恵比寿天

❸ 恵比寿あらいの湯

えびすあらいのゆ

伊東市新井1-9-4　℡0557-37-2246
営13:00〜22:00　休月曜、奇数月の第4火曜
¥大人250円、小人120円　Pなし

布袋尊

❻ 小川布袋の湯
おがわほていのゆ

伊東市末広町2-17 ☎0557-38-7037
🕐14:00～21:00 休木曜
¥大人250円、小人130円 P なし

布袋尊

❼ 岡布袋の湯
おかほていのゆ

伊東市桜木町2-2-16 ☎0557-36-3670
🕐16:00～22:00 休火曜
¥大人250円、小人無料 P 5台

布袋尊

❽ 鎌田福禄寿の湯
かまたふくろくじゅのゆ

伊東市宮川町1-2-16 ☎0557-36-3665
🕐14:00～22:00 休水曜
¥大人200円、小人130円 P 7台

大黒天

❹ 松原大黒天神の湯
まつばらだいこくてんじんのゆ

伊東市松原本町13-3
☎0557-38-8926
🕐15:00～22:00
休無休
¥大人300円、
小人150円
P 有料P利用

弁財天

❺ 湯川弁天の湯
ゆかわべんてんのゆ

伊東市湯川2-9-9 ☎なし
🕐14:00～22:00 休水曜
¥大人250円、小人100円、幼児50円 P なし

course 02

伊豆天城七福神

いずあまぎしちふくじん

近隣の見どころとともに参拝したいドライブコース

静岡県伊豆市にある寺院をめぐる「伊豆天城七福神」。2019年に伊豆縦貫道月ケ瀬ICが開通し、アクセスが便利になったばかり。「伊豆天城六湯七福神」とも呼ばれ、昭和55年に再興されたというが、現在は住職不在のお寺が多く、少し寂しい印象を受けるかもしれない。近隣の天城や河津、修善寺、湯ヶ島等に宿泊を兼ねて参拝すると、満足感が高まる。

立ち寄りスポット

世古峡／湯道

モミジが美しい約1kmに渡る渓谷が続く「世古峡」と、川端康成や与謝野晶子などの文人・歌人の歌碑が点在する「湯道」。[伊豆市湯ヶ島]

所要時間

半日コース

（移動時間約20分）

移動距離 約12km

移動手段 車

問い合わせ 伊豆市観光協会天城支部（0558-85-1056）

住職不在のお寺が多いため、拝観できないことも。事前に確認してから訪問しよう。

1. 大龍寺 ◀ 車で8分
2. 宝蔵院 ◀ 車で3分
3. 真正寺 ◀ 車で2分

立ち寄りスポット

小戸橋製菓

創業100年を迎える「猪最中」で有名なお店。喫茶コーナーもあり。[伊豆市月ヶ瀬580-6、0558-85-0213、8:00～17:00(夏季18:00)、無休]

これも見どころ

浄蓮の滝

「日本の滝100選」の一つでもある伊豆最大級の名瀑。食事や買い物もできる観光センターもある。[伊豆市湯ヶ島]

4 嶺松院
◀ 車で3分
5 明徳寺
◀ 車で3分
6 成就院
◀ 車で4分
7 弘道寺

寿老人

伊豆市本柿木710　☎0558(87)1227

① 大龍寺《だいりゅうじ》

小さなお寺だが
歴史を感じる遺産を所蔵

曹洞宗のお寺として、文明年間（1469~1486年）に創建。境内には、源頼朝が源氏再興を秘め、奥伊豆に山越えをしようとした際、馬に湯をあげるために所望したと伝えられる石桶が寄贈され、保存されている。江戸時代の画人・英一蝶（はなぶさいっちょう）が描いた涅槃像も所蔵。寿老人は本堂内の左側に安置されている。不在の際は本堂は開いていないので、事前に連絡をしてから訪問を。

毘沙門天

伊豆市下船原362　☎0558(87)0455

② 宝蔵院《ほうぞういん》

弘法大師ゆかりの寺
天城湯ケ島で最古の建造物も

弘法大師の創建と伝えられているお寺で、本堂左手には、弘法大師の命石といわれる霊石「いの字石」が残されている。山門は天城湯ケ島地区では最古の建造物で伊豆市指定文化財。1659年に再建され、狩野元信の下絵で左甚五郎作と伝えられる竹に虎の彫刻を見ることができる。他にも表が船原山、裏が牡丹になっている甚五郎作の篇額も残る。境内にはたくさんのモミジが植えられ、秋はもちろん、青モミジの季節も美しい。毘沙門天は本堂に安置されている。中に立ち入ることができないので、外から参拝しよう。

恵比寿

③ 真正寺《しんしょうじ》

伊豆市矢熊262-1
☎0558(85)1056
（伊豆市観光協会天城支部）

宝蔵院ゆかりのお寺 実直な律儀な恵比寿を祀る

天正年間（安土桃山時代）に僧正公が開基したとされるお寺で、境内には大きなサクラの木がある。仏山長寿禅師（最勝院11世で宝蔵院を開山）を開祖とし、本光宜参和尚（宝蔵院12世で最勝院転住）を開山とすると伝えられている。宗派は宝蔵院同様に曹洞宗。管理者は常駐していないが、本堂は開いている。本堂入って左奥に恵比寿が祀られている。

弁財天

④ 嶺松院《れいしょういん》

伊豆市田沢129 ☎0558(85)1200

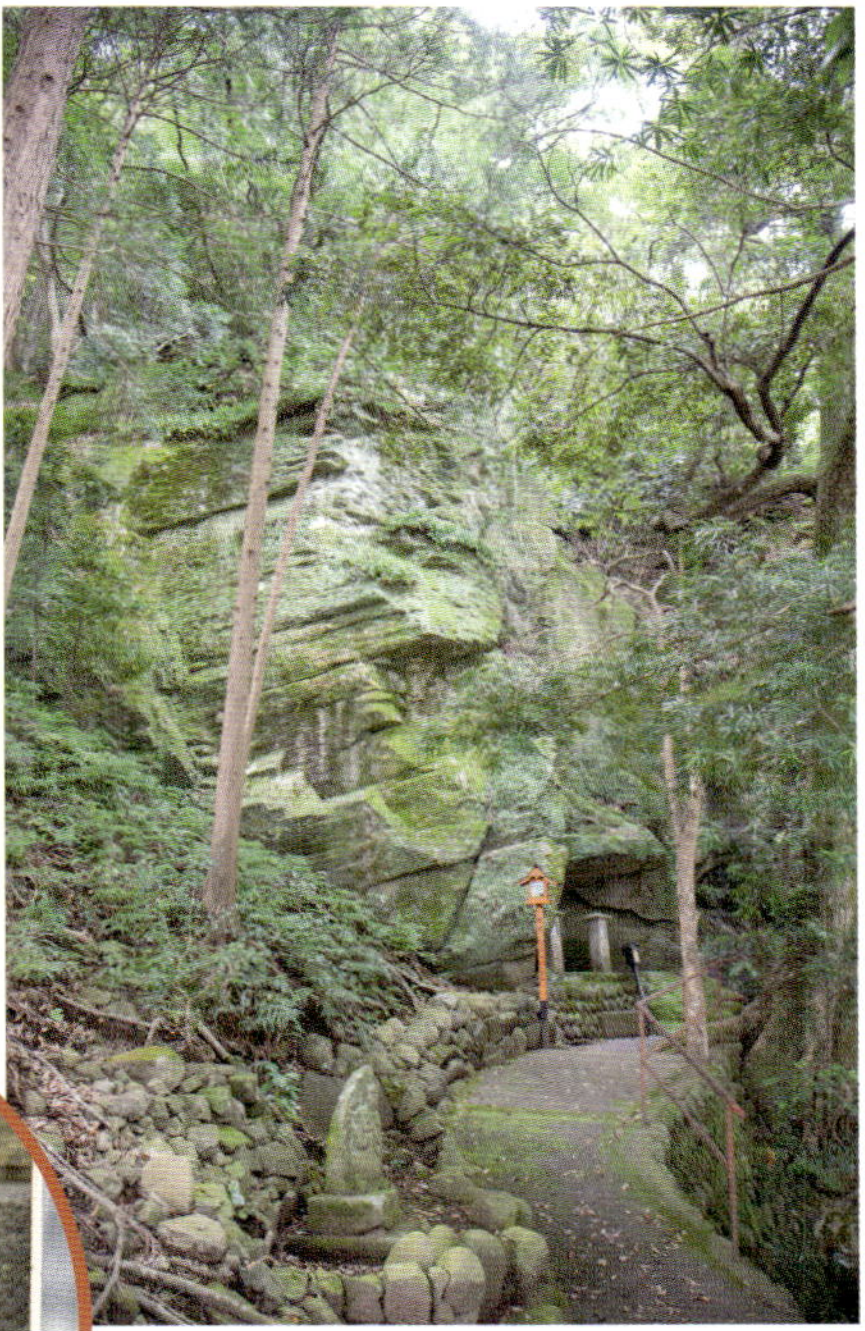

パワースポットになりそうな巨岩の下に弁財天

延暦年間（782～806年）に、弘法大師が旅の途中にこの地を訪れ、難病に苦しむ里人に接し、草堂を建立し、十二神将仏を奉安。病気平癒・疫病退散を祈願し、里人たちの苦しみを救ったと伝えられている。伊豆国八十八ヶ所霊場の第一番札所になっているが、住職が不在。御朱印は用意されている。弁財天は本堂向かって右手に「辨財天奥の院参道」と書かれた入り口がある。参道を進むと、神聖な空気と巨岩に思わず息を飲む。巨岩の麓に小さな弁財天が安置されている。

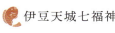

大黒天

5 明徳寺《みょうとくじ》

伊豆市市山234　☎0558(85)0144

観音様の足元にいるおじいさんおばあさんの頭をなでてぼけ防止を祈願

さまざまな木彫りの大黒天

トイレの神様として親しまれるお寺

明徳年間（1390～1394年）に利山忠益禅師により建立された曹洞宗のお寺。東司（便所）の守護神「烏瑟沙摩明王（うすさまみょうおう）」を祀り、「トイレの神様」としてご利益があると全国的な信仰を集めている。トイレの神様なだけに参拝場所もお手洗いの近くにあったりと独特。慈母観世音菩薩、ぼけ封じ観音も祀られ、水子供養、ぼけ防止の祈願も可能。財運祈願をしたい大黒天も祀られている。毎年8月29日に行われる「東司まつり」は、伊豆3大奇祭と言われている祭り。相撲大会、打ち上げ花火などで賑わう。

参拝記念湯呑み。代金は「気持ち分」を入れる仕組み

布袋尊

6 成就院《じょうじゅいん》

伊豆市湯ケ島1758　☎0558(85)0460

石仏が並び布袋尊も祀られている

室町時代後期創建の古刹で、伊豆四国三十三観音の霊場にもなっている。霊場の登り口石段を上がっていくと、33体のさまざまな表情をした観音様が安置されている。布袋尊は本堂内に安置されるが、住職不在のため弘道寺が管理。連絡を入れないと参拝はできない。御朱印を手に入れたい場合も弘道寺で対応してくれるとのこと。

福禄寿

⑦ 弘道寺《こうどうじ》

伊豆市湯ヶ島296
☎0558(85)0239

米国総領事・ハリス一行が一泊したお寺

聖観音菩薩立像を本尊とする曹洞宗のお寺。1857年に米国総領事・ハリスの一行が、日本との通商条約締結に向け、江戸へ向かう途中に弘道寺に宿泊したという。その際に使用された「亜米利加使節泊」と書かれた看板と折り畳み式床几が文化財として残されている。福禄寿は本堂の中に安置されている。

立ち寄りスポット

工場見学やラスク作り体験ができる人気スポット

●東京ラスク 伊豆ファクトリー

伊豆市市山550　☎0558-85-0232
🕒月～金曜10:00～18:00、土・日曜・祝日9:00～18:00

伊豆工場限定の商品「天城わさびラスク」

東京みやげとして知られる「東京ラスク」の工場が「伊豆天城七福神」の道中にある。工場に併設した工場直売店の店内からは、ラスクを製造しているところも見学が可能。無料のソフトドリンクの用意があるのも嬉しい。また、ラスクパンの販売やコロコロラスク作りの体験教室も実施している。

コロコロラスクを広いキッチンで作ることができる。体験教室は10:00～17:00(受付16:00まで)

course 03

源氏山七福神《げんじやましちふくじん》

ウォーキングしながら愉しむ 源氏山探索コース

伊豆長岡温泉の東西の中央に位置する源氏山。春にはサクラ、初夏にはアジサイといった季節の花々が楽しめる自然豊かな小高い山だ。展望台からは天気がよければ富士山も望める。周辺には温泉旅館が点在しているので、旅館に宿泊して徒歩で散策を愉しみたい。源氏山七福神では、散策マップが用意されており、裏はスタンプラリーに。スタンプを集めると、宿泊する伊豆長岡温泉旅館協同組合の加盟旅館で七福神人形がもらえるそう。なお、徒歩の場合は、約1時間半程度で巡拝可能。車で訪れることも可能だ。

ご利益 七福神グッズ

源氏山七福神スタンプラリー

観光協会、もしくは長岡温泉旅館協同組合の加盟旅館で配布している。観光協会のホームページからのダウンロードも可能。

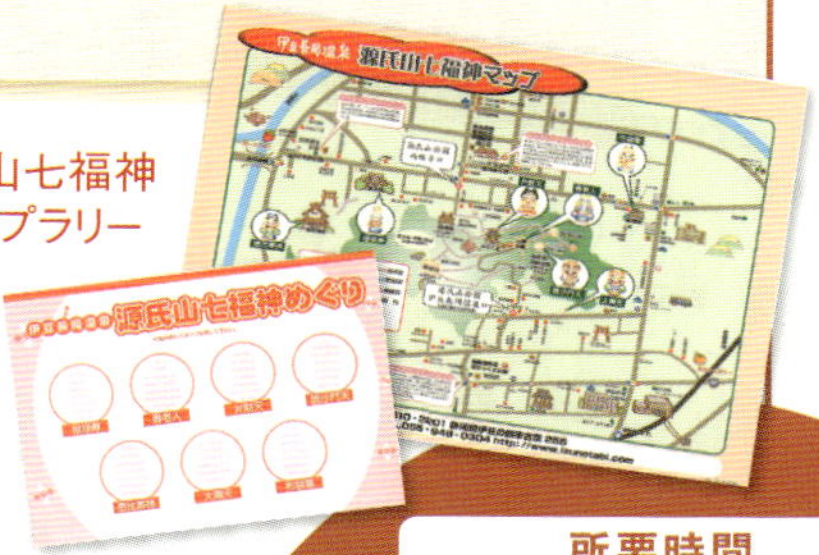

所要時間

半日コース

(移動時間 車の場合約15分 徒歩の場合約90分)

- **移動距離** 約3km
- **移動手段** 車もしくは徒歩
- **問い合わせ** 伊豆の国市観光協会 (055-948-0304)

左記は車を利用した場合の巡拝例。徒歩の場合はスタート地点をベースにルートを組もう。

1. 湯谷神社 ◀ 車で1分
2. 長温寺 ◀ 車で1分
3. 西琳寺 ◀ 車で2分

立ち寄りスポット

世界遺産 韮山反射炉

実際に稼働した反射炉として唯一現存するもの。幕末期、代官江川英龍・英敏親子が完成させた。[伊豆の国市中260-1、055-949-3450]

重要文化財 江川邸

工学・医学・文学・芸術など多彩な才能を見せた江川英龍。4万点弱が重要文化財として残されている。[伊豆の国市韮山韮山1、055-940-2200]

4 **最明寺**
◀ 車で3分
5 **旧南山荘**
◀ 車で2分
6 **源氏山公園 山頂広場**
◀ 徒歩で5分
7 **あやめ御前広場**

古奈の元湯

恵比須

① 湯谷神社《ゆたにじんじゃ》

伊豆の国市古奈1
055(948)0304(伊豆の国市観光協会)

古奈温泉発祥の地

神仏習合の時代になってから、神社の祭神として恵比寿様が祀られるようになった。神社の入り口には、伊豆長岡温泉発祥の場所である「古奈の元湯」の史跡がある。ここは昔の共同風呂の跡地で、岩盤の割れ目から温泉が湧出していた。大正時代まで続いたが、今は各所に新源泉が掘削されたため、止まってしまった。また、湯谷神社の境内からは、石切場跡の様子を見ることができる。迫力ある風景に、思わず見入ってしまう。

石切場跡の様子

福禄寿

② 長温寺《ちょうおんじ》

伊豆の国市古奈13
055(948)1767

かわいい童地蔵や仏足石、しだれ桜が見どころ

1562年、僧・瓶山により開創されたお寺。一度は衰退したが1620年に曹洞宗のお寺として再興された。本尊は薬師如来で、病気平癒を祈願する参拝者が多く訪れる。境内にはしだれ桜が植えられており、春には目を楽しませてくれる。福禄寿は本堂左手の御堂に祀られている。駐車場は旅館「本陣」の駐車場と兼用。

弁財天

③ 西琳寺《さいりんじ》

伊豆の国市古奈38　☎055(948)1826

西琳寺の本堂

本堂向かって左手に進むと、山道へと向かう階段が見えてくる。この階段を上がると、美女桜の木があり、弥勒堂へと続く。弁財天はその手前に祀られている。この山をさらに登っていくと、あやめ御前広場や源氏山公園の山頂広場へと行き着く

西琳寺弥勒堂に植えられている「美女桜」の木。美女と言われた源頼政の妻・あやめ御前が植えた桜の木で現在は6代目

弘法大師が滞在し、草庵を結んだ古刹

810年に弘法大師がこの地の山中に草庵を結び、滞在したという。里の人々は、大師に深く帰依し、御堂を建てたという。自然石を掘って弥勒堂に安置した弥勒菩薩は、美術的にも優れた価値があり、文化財に指定されている。大師は、このお寺に弥勒寺と名付け、その後、弟子に譲り、修善寺へと移った。

子に恵まれなかった北条斉寄が祈願したところ、ある夜、弥勒寺の後ろの山から光る玉が飛んできて、奥方の口に入る夢を見たという。奥方は懐妊し、男の子が生まれた。斉寄は喜び、西琳山の山号を贈った。その後、源頼政の子孫、稲垣頼忠が出家して当寺に入り、1478年に真言宗から真宗に改宗。その際に寺名を西琳寺に改めた。

布袋尊

4 最明寺《さいみょうじ》

伊豆の国市長岡1150 ☎055(948)1277

鎌倉幕府五代執権 北條時頼の墓が残るお寺

名執権として誉れ高い鎌倉幕府五代執権・北條時頼の菩提寺の一つとして知られる。1256年、重病を理由に執権を辞任した時頼は、鎌倉に最明寺を創建し、「最明寺入道」と呼ばれた。死去後、時頼より恩を受けたこの地の住民が、幕府から分骨の許可を得て、臨済宗の寺院を創建、最明寺と定めた。1590年の小田原の役で多くのものを焼失し衰退したが、1605年に日遠が再興し、日蓮宗に改宗した。本堂は1948年に火災で焼失し、1966年に再建。境内には時頼の墓碑のほか「最明寺　時頼よりの　時雨ふる」と詠んだ伊豆の国市出身の俳人・萩原麦草の句碑もある。本尊は十界勧請曼荼羅。本堂の左手奥に進むと布袋尊が祀られている。

大黒天

5 旧南山荘《きゅうなんざんそう》

伊豆の国市長岡1056
☎055(948)0304
(伊豆の国市観光協会)

老舗旅館だった南山荘に 大黒天が祀られている

8000坪の敷地を持つ明治創業の「南山荘」。川端康成や北原白秋などの文豪にも愛された数寄屋造の老舗旅館だったが、現在は施設メンテナンスに付き、休館中。旧南山荘横の駐車場に、大黒天が安置されている。

⑥ 源氏山公園山頂広場《げんじやまこうえんさんちょうひろば》

伊豆の国市長岡1345-43
☎055(948)0304
(伊豆の国市観光協会)

徒歩の場合は西琳寺からの登り口を利用しよう

西琳寺の弥勒堂付近からさらに上へ登っていくと、7分ほどで山頂広場へ到着する。反対側のいづみ荘からも徒歩10分ほどで登ることができ、こちらは車でも通行可能。4月上旬には180本ほどのソメイヨシノが一斉に花開き、桜の名所としても知られる。山頂広場の駐車場の小さな御堂に寿老人が祀られている。

⑦ あやめ御前広場《あやめごぜんひろば》

伊豆の国市古奈1343 ☎055(948)0304(伊豆の国市観光協会)

絶世の美女といわれたあやめ御前の石仏

平安時代、伊豆長岡の古奈に生まれ、源頼政の妻となったあやめ御前。絶世の美女と言われ、周辺には「あやめ」と名付けられた施設も多い。毎年7月には「源氏あやめ祭」が伊豆の国市で開催されるなど、地元の人には知られた存在。あやめ御前は、京都に上り、鳥羽上皇に仕えたが、歌道に優れた武人・頼政と結ばれ、幸せな時を過ごした。しかし、源氏と平家の宇治川の戦いの際、頼政は敗れ、平等院にて自刃してしまう。あやめ御前は、頼政の死後、古奈へ戻り、夫の菩提を弔いながら、89歳でその生涯を終えている。源氏山公園の山頂広場から徒歩5分ほどで行くことができるこの広場には、昭和初期にあやめ御前の姿を彫った石仏が祀られている。付近に駐車場はないので、山頂広場か西琳寺から徒歩で訪れよう。

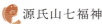

course
04

伊豆長岡温泉七福神《いずながおかおんせんしちふくじん》 散策《さんさく》コース

源氏山七福神と合わせて巡拝するのがお勧め

源氏山七福神（P24～）の中の湯谷神社、長温寺、西琳寺、最明寺が重複する伊豆長岡温泉七福神 町内散策コース。すでにコースとして曖昧になりつつある七福神なので、源氏山七福神と合わせて参拝するのをお勧めする。不明な部分も多い温泉神社は穴場とも言えるスポットで、宗徳寺は文化財として価値が高いお寺でもある。温泉神社や大黒堂は駐車場がないため徒歩での参拝を。温泉街の雰囲気を愉しみながら、ゆるりと散策しながら巡拝しよう。

所要時間

半日コース
（移動時間約45分）

移動距離 約3.5km

移動手段 徒歩

問い合わせ 伊豆の国市観光協会（055-948-0304）

直接拝観ができない寺社もあるので、その心づもりで訪問しよう。

① 湯谷神社

◀ 徒歩で1分

② 長温寺

立ち寄りスポット

与志富

伊豆長岡温泉とともに旅の目的になり得る餃子。皮は厚め、サイズは大ぶりだがあっという間に完食できる。[伊豆の国市古奈125-1、11:30～15:00、17:30～21:00(LO20:30)、毎週月、金曜休、055-948-0451]

立ち寄りスポット

伊豆の国市観光協会
「温泉場お散歩市」
055-948-0304

◀ 徒歩で4分

3 西琳寺

◀ 徒歩で9分

4 最明寺

◀ 徒歩で11分

5 温泉神社

◀ 徒歩で10分

6 大黒堂

◀ 徒歩で10分

7 宗徳寺

恵比須

伊豆の国市古奈1
☎055(948)0304(伊豆の国市観光協会)

① 湯谷神社《ゆたにじんじゃ》

⇨P.26

恵比須

伊豆の国市古奈13
☎055(948)1767

② 長温寺《ちょうおんじ》

⇨P.26

弁財天

伊豆の国市古奈38
☎055(948)1826

③ 西琳寺《さいりんじ》

⇨P.27

布袋尊

伊豆の国市長岡1150
☎055(948)1277

④ 最明寺《さいみょうじ》

⇨P.28

寿老人

伊豆の国市長岡　☎055(948)0304(伊豆の国市観光協会)

⑤ 温泉神社

成立は不明だが穴場のような存在の神社

「お食事処　麺めん亭」の横の小径をあがっていくと辿りつく神社。とてもわかりづらい場所にあるため、不明の場合は近隣のお店に尋ねてみよう。コース設定上では寿老人が祀ってあるとされる。大国主命・男沙胡神・女沙胡神を祀っているが、創立の沿革等はわかっていない。1907年に火災で焼失し、現在の社殿は1944年に再建されたもの。石柱に刻まれた「温泉神社」の文字は、長岡温泉に別荘を構えていた平沼騏一郎の書だという。

６ 大黒堂《だいこくどう》

伊豆の国市長岡３５８
☎０５５（９４８）０３０４
（伊豆の国市観光協会）

町に溶け込んだ閑かな御堂に参拝する

宗徳寺から３００ｍ北にある「大黒堂」には、江戸時代の旅日記に記されていた「大黒堂の松」と呼ばれる大きな松があったという。立像の釈迦像は聖徳太子の作だという説も。本殿の中には入ることはできないので、外から静かにお参りしよう。

７ 宗徳寺《そうとくじ》

伊豆の国市長岡５３０　☎０５５（９４８）０５３４

風情ある山門が目を惹く平安時代に隆盛した名刹

平安時代に流人として当地に住んだ勝田朝臣仙光の徳をしのび、居住跡に天台宗のお寺として勝田山仙光寺が建立された。平安末期から室町時代にかけて隆盛を極め、七堂伽藍を整えた名刹だったが、戦国時代に衰退した。１６５９年に日蓮宗に改宗し、長岡山宗徳寺となった。山門の鐘楼門は江戸時代中期のもの。所蔵する巻子本「紺紙金字法華経」十巻は静岡県指定文化財。金字で法華経が書写され、１２７６年の年号が記されている。境内には、徳川11代将軍家斉の追善のため、諸大名が菩提寺である上野寛永寺の墓前に備えられていた石燈篭も奉納されている。本堂入って左側に毘沙門天の他、弁財天や大黒天も祀られている。

散策で疲れたら足湯でひと休み

●姫の足湯
伊豆の国市古奈255

●よりともの足湯
（古奈湯元公園）
伊豆の国市古奈1199-3

●湯らっくす公園
伊豆の国市長岡613-1

伊豆長岡温泉には、温泉旅館もたくさん立ち並ぶが、各所に無料の足湯も設けられている。市民をはじめ、観光客の憩いの場。冬はもちろん、暑い夏の季節でもぜひ足湯に浸かってみてほしい。疲れがとれ、散策がより楽しいものになりそうだ。

もちもち食感の温泉まんじゅう

●まんじゅう屋 ひと花
伊豆の国市長岡1148-1 はなぶさ旅館敷地内
☎055-948-1230　休木曜・最終金曜
営8:30～16:00（売り切れ次第終了）

最明寺の向かいにあるお店。「ひと花」の黒糖温泉まんじゅうは、しっとり、もちもちした食感が特徴。北海道産の最上級小豆を使用した餡を、黒糖味の皮で包んでいる。職人が手作りしており、いくつでも食べられるおいしさだ。丈夫で色あざやかな畳の縁を使ったバッグやポーチ、ペンケース、袱紗や、ハチミツ、地元作家の陶器といったお土産も揃う。

立ち寄りスポット

富士山と駿河湾の絶景を望む空中公園

●伊豆の国パノラマパーク

伊豆の国市長岡260-1　☎055-948-1525
🕘ロープウェイ夏季9:00～上り最終17:00、冬季9:00～上り最終16:30
¥ロープウェイ大人往復1800円、片道1000円（小人は半額）

片道約7分、標高442mの山頂駅までの空の旅を愉しめる。ロープウェイからは伊豆の国市内ののどかな田園風景が目を楽しませ、展望デッキからは富士山をはじめ、駿河湾まで見渡せる大パノラマが広がる。山頂には空中公園があり、春はサクラとツツジ、夏はアジサイ、秋は紅葉、冬は梅と四季折々の花が見頃を迎える。カフェやレストランをはじめ、足湯、神社、丸太アスレチック広場、恋人の聖地認定の証として設置された幸せの鐘などもあり、充実した場所だ。

山麓駅にはお土産が揃う

山頂にある葛城神社

フラワークラフト
花富士

パノラマダイニング

葛城珈琲

course 05

伊豆国七福神《いずくにしちふくじん》

ペリーロード

ペリー艦隊が下田に上陸し、部下を引き連れ行進した道。風情溢れる小径に飲食店等も並ぶ。[下田市三丁目]

立ち寄りスポット

1 普照寺 ▶ 車で16分 ▶ 2 西林寺 ▶ 車で5分 ▶ 3 善福寺 ▶ 車で13分 ▶ 4 海蔵寺 ▶ 車で29分 ▶ 5 長楽寺 ▶ 車で4分

所要時間

1日コース

(移動時間約80分)

移動距離 約39km

移動手段 車+ロープウェイ+徒歩

問い合わせ 各所

お寺によっては不在のこともあるので、予め参拝日時や御朱印の有無等を確認してから訪問しよう。

ご利益

七福神グッズ

巡拝記念色紙

伊豆国七福神の各お寺の御宝印が入った記念色紙。700円+各寺100円。普照寺、長楽寺、向陽院で販売。

これも見どころ

ヒリゾ浜

抜群の透明度を誇る美しい海岸。船でしか行くことができないため、ありのままの自然が残る。[南伊豆町中木]

南伊豆と下田の海沿いを車でめぐるコース

南伊豆町と下田市に点在するお寺をめぐる伊豆国七福神。江戸時代より祀られていた福神を、各寺院により再現したという。伊豆縦貫道の延伸により、以前よりアクセスが随分よくなったが、静岡県内から訪れるにしてもまだまだ遠い場所。下田近辺に宿をとり、ぜひゆっくりとした旅程で七福神めぐりをしてほしい。何より海が美しい地域。磯遊びやシュノーケリング、クルージングもお勧め。伊勢エビやアワビ、サザエ、金目鯛などの鮮魚も有名だ。金目鯛を使った下田バーガーも味わってみたい。

6 大安寺
車で4分＋ロープウェイ3分＋徒歩10分
7 愛染堂
車で7分
8 向陽院

寿老人

❶ 普照寺《ふしょうじ》

南伊豆町伊浜1289-1　☎0558（67）0953

野猿の里として知られる伊浜県指定文化財が残る古刹

常春の地・南伊豆町伊浜は、花の栽培と野猿の里としても広く知られる日本でも有数の長寿部落。道中、野猿を見かけることも。普照寺は寛政年間に僧盛賢により再興されたお寺。793年に漁師の鯛にかかり、海中より出現したとされる聖観音菩薩（通称長寿観音）を本尊に祀り、他に不動尊も祀られている。本尊をはじめ、南北朝時代の大般若経、室町時代の梵鐘、鎌倉時代の鰐口は、静岡県重要文化財に指定されている。伊豆国八十八ヶ所第七十一番、伊豆横道三十三観音打ち止め札所。

毘沙門天

❷ 西林寺《さいりんじ》

南伊豆町子浦1611　☎0558（67）0671

将軍徳川家茂公手植えのマツが残る港近くのお寺

妻良湾の対岸に位置し、海水浴場もある風向明媚な風待港のそばにあるお寺。西林寺は真言密宗最鱗寺として開かれたが、天文13年満鸞上人により浄土宗に改宗された。本尊は阿弥陀如来。境内には子安地蔵が安置され、寺領内には舟宿から奉納された石仏三十三体の観音菩薩も祀られている。1864年、徳川第14代将軍・家茂公が、上洛のため幕府の軍艦で出航した際、台風に襲われ、子浦に寄港。その際、家茂公は西林寺に3日間逗留し、マツの木を植えたという。そのマツの木が本堂奥東側に残されている。

福禄寿

③ 善福寺《ぜんぷくじ》

南伊豆町妻良809　☎0558(67)0647

静かな海沿いの町で三徳を具えた福禄寿に参拝

1855年9月、勝海舟が長崎に向かう途中、風待ちのために滞在したという妻良港の近くに位置する善福寺。1628年、高野山真言宗のお寺として、入寂の僧了快を中興の祖として建立された。本尊には行基上人の作と伝えられる大日如来と弘法大師を祀る。伊豆国八十八ヶ所第六十番、伊豆横道三十三観音三十一番の札所。「幸福」「富祐」「長寿」の三徳をそなえた、南極星の化身ともいわれる福禄寿は、本堂内の右手に安置されている。

布袋尊

④ 海蔵寺《かいぞうじ》

南伊豆町入間大池949　☎0558(65)0883

伊豆三景の石廊崎灯台の北に位置する伊豆の霊跡

海蔵寺は、もともと比叡山延暦寺に属する天台宗のお寺だったが、天文年間に鎌倉興禅寺の僧・英仲が臨済宗に改宗し再興。さらに弘治年間に光厳珀が、現在地の場所に境内を移している。本尊は、行基菩薩が自ら彫り込んだと伝えられる弥勒菩薩坐像。本堂内に福徳円満、子育ての霊像である布袋尊を祀っているが、本堂内には他にもたくさんの布袋尊が安置され、また梵鐘の下にも安置されている。境内には、1874年に沈没したフランスの郵便船「ニール号」の犠牲者(行方不明者55名、死者31名)の招魂碑も建立されている。

弁財天

⑤ 長楽寺《ちょうらくじ》

下田市3-13-19　☎0558(22)0731

開港の史跡を残す 日露和親条約が調印された地

長楽寺は、高野山真言宗のお寺として大浦に開かれたが、弘治元年、僧尊有により現在の場所へと移された。1854年には、この寺で日露和親条約が調印されている。これにより、日本とロシアの国境が定められたという。その翌年には日米条約批准交換が行われるなど、開港の史跡を残す場所だ。江戸時代、長楽寺の梵鐘はよく響くとして「時の鐘」として下田港に停泊中の船舶や町民に親しまれたが、戦時中に供出。1976年に再建された。廃寺になった宝光院の聖観音立像も安置している。

大黒天

⑥ 大安寺《だいあんじ》

下田市4-2-1　☎0558(22)0781

下田市の史跡に指定される 十六烈士の墓にも注目

曹洞宗のお寺・大安寺は、もとは小田原にあり、寂用英順が再興し、近世初頭にこの地に移り、下田領主戸田忠次が開基大檀那となったという。寂用英順自賛の肖像画が所蔵されている。また、1688年、島津藩支藩日向佐土原藩の船が、御用材を積んで江戸に向かうが、大風に遭い、材木の一部を捨て下田へ入港。この責任をとって16人が自害したが、御用材を捨てた罪は許されず、帰葬は叶わなかった。郷里の菩提寺と同名だった大安寺に合葬され、墓が建立された。船に残っていた材木は、大安寺に寄進され、本堂の柱になっている。

番外編
愛染明王

⑦ 愛染堂《あいぜんどう》

下田市東本郷1-3-2 ☎0558(22)1211(下田ロープウェイ)

1_思わず見入ってしまう美しさがあるヒレ長錦鯉　2_平和に仲良く過ごせるよう願を込める「和み玉」　3_境内には、平安時代の作といわれる150余体のお地蔵様が安置されている

愛染明王

伊豆国七福神の番外編 縁結びの愛染明王に参拝

下田ロープウェイに乗り、伊豆急下田駅から寝姿山山頂駅へ。寝姿山は、優美な女性の寝姿に見えることからその名がついたという。寝姿展望台からは伊豆大島、天城連峰などの海と山が織りなす雄大な景観を楽しむことができる。さらに上へ登っていくと、途中、「ヒレ長錦鯉」という優美な錦鯉や、大きな石を割って成長してきた「石割り楠」に出合える。「黒船展望台」を過ぎると、休憩所と愛染堂が見えてくる。こちらは七福神を祀るわけではないが、伊豆国七福神の番外編として設定され、本尊には鎌倉初期の仏師・高祖運慶作といわれる愛染明王が祀られている。縁結びの仏様で、恋愛のパワースポットとして知られる。

黒船展望台

恵比寿

⑧ 向陽院《こうよういん》

下田市河内289 ☎0558(22)3707

江戸の頃から海の守り本尊として信仰を集めた霊跡

天台宗地蔵密院だったが、1492年に普翁国師により再建され、臨済宗建長寺派に改宗された。下田が風待ち港として栄えた江戸時代には、海の守り本尊として親しまれた。境内には、怪力ダッカイ和尚が手玉にとったという200kgほどの石がある。不在の際は拝観できないので、事前に連絡をしてから訪れよう。

立ち寄りスポット

水戸岡鋭治氏のデザイン・設計のレストラン

●下田ロープウェイ　●THE ROYAL HOUSE

下田市東本郷1-3-2　🕘ロープウェイ8:45〜上り最終16:15もしくは16:30（季節により異なる）、レストラン10:00〜16:30

「下田ロープウェイ」で山頂へ上がったすぐのところにあるレストラン。伊豆観光列車「THE ROYAL EXPRESS」を手掛けた水戸岡鋭治氏がデザインし、天然木をふんだんに使用。下田湾を望む美しい眺望とともに、優雅なひと時を過ごせる。

大地が作った神秘的な洞窟

●龍宮窟　下田市田牛

海の浸食により二方向に分岐した海食洞である龍宮窟。上から見下ろすとハートの形のように見えることから、恋人たちのスポットとしても人気がある。上から光が差し込む様子は、美しい海色を織り成し、とても幻想的。
※洞窟内一部立入りできない箇所あり

砂の丘ではサンドスキーが楽しめる

上から見下ろすとハートの形にみえる

妙蔵寺の七福神

みょうぞうじのしちふくじん

伊豆市八木沢1738　☎0558(99)0103

トロピカルムード漂う中 七福神を探しながら参拝

第二次世界大戦で散華した英霊を祀る世界平和パゴタ慰霊塔があり、異国情緒漂うお寺。境内のあちらこちらに七福神が祀られており、歩き時間10分程度で巡拝できる。歴代住職佐治堯英上人が命がけで巡礼したというビルマ各地の戦跡や、サイパン、沖縄などで集めた太平洋戦争時の慰霊品も多く祀られている。春には桜の名所としても知られる。

妙法寺の洞窟七福神

みょうほうじのどうくつしちふくじん

富士市今井2-7-1　☎0545(32)0114

全長150mの地下道をめぐり七福神に参拝

千年余り前、山伏たちが妙法寺のすぐ南側の田子の浦海岸で水ごりを取り、海抜ゼロメートルから富士山に登ったその禊ぎの道場がこのお寺の起こりという。戦国時代には武田氏の東海道進出の砦となり、また、徳川家康側室の長子・徳川頼宣が長く駐留し、出世本懐の地とも呼ばれている。こちらでは、全長150mの地下道を回り、七福神参拝を行う洞窟七福神めぐりができる。

洞窟七福神の入口はこの建物にある

旧正月の3日間は毘沙門天大祭が行われ、多くの参拝客が足を運ぶ。日本最大級のダルマ市としても知られている

ミニ七福神

七滝七福神

ななだるしちふくじん

美しい自然景観に魅せられる河津七滝ウォッチング&七福神めぐり

天城連山より流れる清流が、四季折々に違った美しさを見せる河津七滝。大小7つの滝が点在し、その滝のそばには小さな七福神が鎮座している。スタンプラリーができるようになっているので、滝めぐりをしながら七福神のスタンプラリーを愉しんでみては。七滝をめぐり、スタンプを集めた後は観光協会会員店である売店で「去七難来七福」のスタンプを押してもらおう。家に持ち帰って大切にすれば、七つの難が去り、七つの福がやってくるはず。

ご利益 七福神グッズ

七福神スタンプ台紙 200円

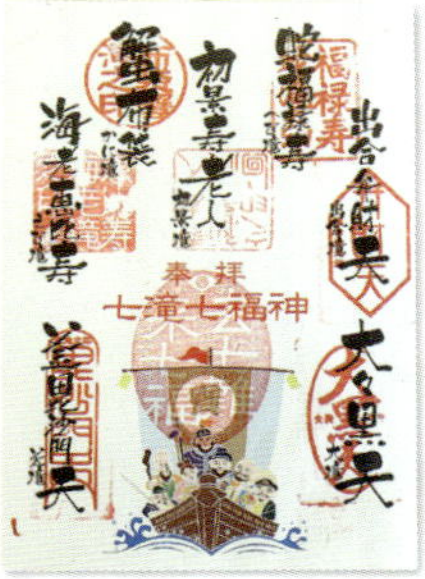

七滝七福神をめぐり、スタンプを集めよう。スタンプラリーの台紙は、観光協会会員店である売店、旅館、民宿で購入できる。

所要時間

半日コース
(移動時間約60分)

移動距離	約1.9km
移動手段	徒歩
問い合わせ	河津町観光協会 (0558-32-0290)

水垂バス停 ◀ 徒歩10分 ◀ ①釜滝 ◀ 徒歩10分 ◀ ②エビ滝 ◀ 徒歩10分 ◀ ③蛇滝 ◀ 徒歩5分 ◀ ④初景滝

立ち寄りスポット

ひぐらし / 肉月美術館

自家製の炭を使って七輪で焼き上げる「ひもの膳」などの食事から喫茶・軽食などを提供。店主の中村さんが描く絵画は圧巻! ［河津町梨本1112-4、0558-36-8505、10:30〜17:00（金曜のみ〜15:00）、不定休］

立ち寄りスポット

泣かせ隊食堂

七滝観光センター内にある食堂。天城産わさびを使用したグルメからお土産などまでを販売。［河津町梨本379-13、0558-36-8263、9:00〜16:00、不定休］

遊歩道が整備されたウォーキングコース

まずは、「泣かせ隊食堂」や「七滝観光センター」がある無料駐車場に車を停め、修善寺行きのバスに乗って水垂バス停へ向かおう。バスの本数が少ないので、時間があるなら、先に大滝や周辺の売店、飲食店に寄るのもお勧めだ。遊歩道が整備されているが、階段や勾配も多く、滑りやすいところも。ヘビなどの野生生物に遭遇することもあるので、スニーカーなど歩きやすい靴と両手が空くカバンを用意しよう。

◀ 徒歩5分
5 カニ滝
◀ 徒歩5分
6 出合滝
◀ 徒歩10分
7 大滝
◀ 徒歩5分
河津七滝バス停

ミニ七福神

七滝七福神

それぞれの滝の見どころスポットに、
滝の名前にちなんだ七福神が安置されている。

1 釜滝
かまだる

滝壺が釜の底を思わせることから名づけられている。「釜毘沙門天」を祀る。

2 エビ滝
えびだる

滝の流れがエビの尾ひれに似ていることからこの名が付いた。「海老恵比寿」を安置。

3 蛇滝
へびだる

玄武岩の模様がヘビのうろこのように見える滝。「蛇福禄寿」が迎えてくれる。

4 初景滝
しょけいだる

「踊り子と私」の像があり、記念撮影にお勧め。「初景寿老人」が出迎える。

5 カニ滝
かにだる

周辺の景観と白い流れとのコントラストが美しい滝。「蟹布袋」が見守る。

6 出合滝
であいだる

交流の合流点になっている滝。「出合弁財天」が見守り、何か出会いがあるかも。

7 大滝
おおだる

「大々国天」を祀る、河津七滝の中で最大の大きさを誇る。

静岡県中部エリア

course 06

藤枝七福神《ふじえだしちふくじん》

歴史を学びながら 車で巡拝したい藤枝七福神

藤枝の市の花・フジは、平安時代の武将・源義家が「松に花咲く藤枝の一王子 宮居ゆたかに 幾千代を経ん」と詠んだともいわれ、藤枝にとって縁深い花。七福神を祀る寺院も同様で、多くの寺院でフジ棚がある。フジが見頃を迎える4月末~5月上旬には藤まつりと七福神まつりが、また10月10日には七福神祭が行われる。各お寺の歴史を紐解いてみると、今川家、武田家、豊臣家、徳川家など武将や将軍から帰依を受けるなど、興味深いエピソードを持つお寺が多い。藤枝七福神は、外に祀られている石像が多い。お寺が不在でも参拝しやすいのが魅力だ。

ご利益 七福神グッズ

参拝記念の手ぬぐい・色紙

藤枝七福神では参拝記念の手ぬぐい（500円）や色紙（500円＋各寺の御朱印代）といったグッズも用意している。

所要時間

半日コース

（移動時間約43分）

移動距離 約18km

移動手段 車

問い合わせ 各所

お寺によっては不在のこともあるので、御朱印が必要なら事前に確認してから訪問しよう。

① 盤脚院

▶ 車で11分

② 清水寺

▶ 車で11分

③ 心岳寺

▶ 車で13分

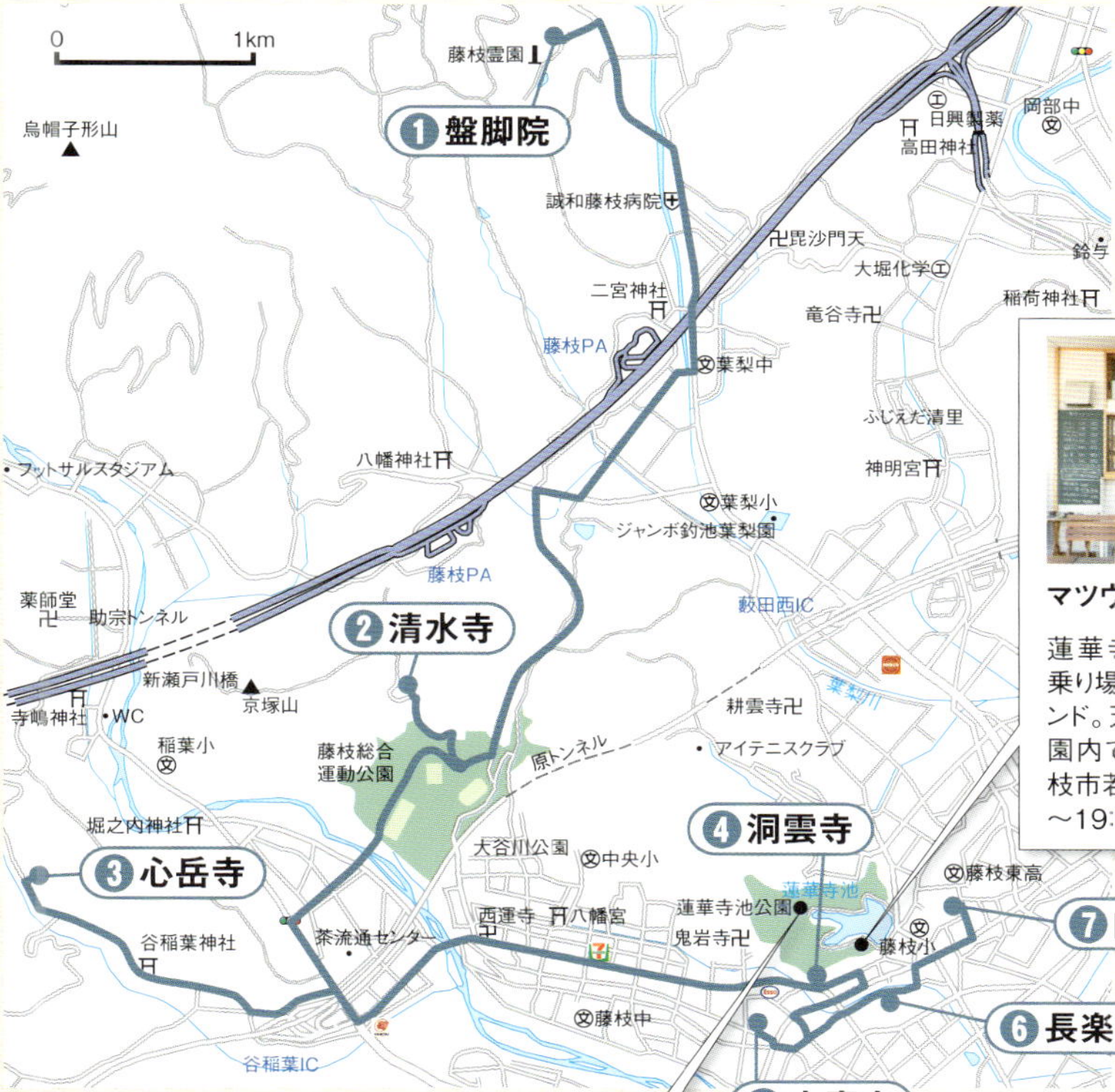

立ち寄りスポット

マツウラコーヒー

蓮華寺池公園内のボート乗り場前にあるコーヒースタンド。天気のいい日には公園内でのんびりしよう。[藤枝市若王子705-2 10:00～19:00 水・木曜休み]

立ち寄りスポット

蓮華寺池公園

フジをはじめ、様々な季節の花が咲き誇る大きな公園。周辺にはカフェや飲食店も多い。[藤枝市若王子474-1]

4 洞雲寺
◀ 車で2分
5 大慶寺
◀ 車で3分
6 長楽寺
◀ 車で3分
7 向善寺

布袋尊

① 盤脚院《ばんきゃくいん》

藤枝市西方407　☎054(638)0405

山裾の藤枝大観音周辺の景観が見事

山腹に大きな藤枝大観音を祀り、整然と暮石が並ぶ景観は市随一である。その山の縁に抱かれるように本堂などが甍を連ねる。1631年開創の曹洞宗のお寺と伝えられるが、実際はそれ以前から存在していたという。徳川家康は、駿府城に隠居していた頃、盤脚院がある葉梨の里へ鷹狩りに訪れた帰りに盤脚院へ訪れ、住職の天越と碁を楽しんだそう。後に天越は家康に呼ばれ、駿府城の近くに浄元寺を開創。本堂はもともと現在の藤枝大観音の近くにあったが、火災で焼失したため、1777年に現在の場所へ再建されている。

大黒天

② 清水寺《きよみずでら》

藤枝市原6-1　☎054(641)8302

藤枝地区で最も古くに開創された名刹

726年にこの地を訪れた行基菩薩が千手千眼観音菩薩像を彫り、開創。817年には弘法大師が立ち寄り、傷んだ堂字を再建したとされる。991年に花山法皇は戒師悌眼上人を伴って東国巡幸をした際には、清水寺に立ち寄り、勅願所と定め、千石を賜ったという。1190年には源頼朝が武運長久天下泰平を願う祈願所寺院とし、室町時代には今川義元・氏真から楽市楽座の許可状を与えられるなどの保護を受けた。武田信玄による駿河侵攻の際、多くの仏像や寺宝が焼失してしまうが、平定後、信玄より寺領安堵状が発給され

福禄寿

③

心岳寺《しんがくじ》

藤枝市谷稲葉1591 ☎054(641)5980

四季折々の変化が愉しめる庭園が見事

1504年、曹洞宗の寺院として創設。開基は三条実望の母。1597年に「蓮仏山大永寺」から「金龍山心岳寺」に改称した。実望の母が1558年にこの地で没した際、心岳寺四世蒲山孝順が大導師をつとめ、法名を円成院殿心岳宗智大禅定法尼とした。この墓地は「弁天の祠」として今も祀られている。旧参道には弘法堂があり、かつての島田から岡部に至る旧道の風情が残る。なお、三条実望は、将軍足利義澄の側近的な存在で、駿河守護今川義忠の娘と結婚。応仁の乱後、藤枝の瀬戸川上流の稲葉庄を賄領として与えられ、生涯をここで過ごしている。

ている。江戸幕府からは、この地区の寺院では最も多い朱印寺領20石を安堵され、繁栄した。

仁王門には松平定信の「音羽山」の扇額がかかるなど、文化財も多い。本尊の千手観音様は秘仏で拝顔は叶わないが、駿河観音霊場の第一番札所として多く参詣者を集める。毎年2月第3日曜周辺に行われる縁日は、県下三大縁日の一つとして厄除けを願う人々で賑わう。

4 洞雲寺
とううんじ

藤枝市藤枝5-2-28 ☎054（641）1011

秀吉から尊崇を受け 数々の歴史的を持つ名刹

728年に青峰白眼という高僧がこの地の裏山の洞窟で修行をしていたところ、ある時洞窟の前の池から竜が躍り出たという。これにより竜池山洞雲寺という名を付け、開創したという。その後、荒廃したままだったが、1510年に在天祖竜が曹洞宗に改宗して再興。近隣に末寺を開き門流を広げた。豊臣秀吉からも尊崇を受け、また、徳川家康が関ヶ原の戦いの出陣の際に立ち寄り、2代将軍秀忠も上洛の折に立ち寄っている。江戸時代、朝鮮使節等も宿泊したことがあり、藤枝宿の名刹としてその名が知られていた。

5 大慶寺
だいけいじ

藤枝市藤枝4-2-7 ☎054（641）1229

開祖日蓮上人お手植えの「久遠の松」が圧巻

1253年、日蓮上人が藤枝で一宿した際、日蓮上人の法力に感応した茶店の夫婦が弟子となり、堂宇を建立。日蓮上人がこの時植えたのが「久遠の松」だ。1786年には老中田沼意次が失脚した際、居城だった相良城の建築材を譲り受ける。この時使用した太い柱や見事な欄間の彫刻などは現存。東海道五十三次の宿駅藤枝宿の中心にあるため、街道を通った旅人や有名人が参詣した。14代将軍徳川家茂も参詣し、病気平癒を祈願している。本堂内の毘沙門天は11月3日の御開帳時のみ拝観可能。

弁財天

⑥ 長楽寺《ちょうらくじ》

藤枝市本町1-10-12 ☎054(641)1861

山号寺名にまつわる有名な伝説が残る名刹

平安時代、長楽斎という金持ちの郷士が弁天様にお参りしていると、老人の姿をした青竜が現れ、自分の菩提供養を懇願した。長楽斎は青竜のために七堂伽藍を建立、弁天様として祀り、阿弥陀如来と薬師如来の２尊を本尊として青竜山長楽寺と名づけたという。なお、美女力姫が弁天様に化身し、弁天堂を建立したという説もある。室町時代から戦国時代にかけても藤枝を代表する名刹として知られ、文人や武将が立ち寄った記録が残る。江戸幕府の将軍代替の節は、朝鮮通信使の宿泊所にもなった。

恵比寿

⑦ 向善寺《こうぜんじ》

藤枝市天王町1-5-30 ☎054(641)1409

延命地蔵菩薩を祀り民に慕われ繁栄したお寺

古の頃、真言宗の大寺があったと伝えられているが詳細は不明。寛永年間（１６２４〜１６４３）全宗という禅僧が真言寺院の跡地に小庵を結び、地蔵菩薩と弘法大師の尊像を安置し、開創。１７９２年に火災に遭い諸堂を焼失し、１８１１年に本堂を建立。昭和の時代には寺運は興隆し、特に戦後の安定した時代に入ると次々に堂字を整えていった。本尊は延命地蔵菩薩。本堂向かいにある御堂に恵比寿が祀られている。扉は閉まっているので、ガラス越しに参拝しよう。

ミニ七福神

蓬莱橋七福神《ほうらいばししちふくじん》

世界一長い木造歩道橋の先にある七福神めぐり

世界一長い木造歩道橋として、ギネスブックにも認定されている蓬莱橋。映画やドラマのロケ地としても知られる。明治12年に対岸の茶畑開墾のために架けられた蓬莱橋は、静岡藩主・徳川家達が現在の牧之原大茶園のあたりを「宝の山」と言ったことにちなみ、この名が付いたという。長さが897・4mであることから語呂合わせで「厄無し」の橋と言われ、また、長い木の橋から「長生きの橋」とも呼ばれ、長寿祈願に訪れる人も。橋を渡った先に散策路があり、七福神の石像が安置されている。草むらの中に隠れていることもあるので、宝探しをするように探してみよう。

所要時間

半日コース
(移動時間約26分)

移動距離	約1.7km
移動手段	徒歩
問い合わせ	090-7866-1056（蓬莱橋）

島田市南2丁目地先

これも見どころ

勝海舟之像

西郷隆盛と交渉し、江戸城無血開城に尽力した勝海舟の像が蓬莱橋の前に立つ。勝海舟は渡米した際、お茶の世界的な商品価値を認識し、明治2年に牧之原で茶畑の開墾を命じたのだという。

蓬莱橋番小屋 ◀ ❶ 恵比寿天 ◀ ❷ 大黒天 ◀ ❸ 毘沙門天 ◀ ❹ 弁財天 ◀

蓬莱橋897.4茶屋

蓬莱橋のたもとにある「897.4（やくなし）茶屋」。島田のお茶や名産品などのお土産を販売。また、お茶やお茶のジェラードをその場で楽しむことができる。[島田市南2丁目地先、0547-32-9700、冬季9:00～16:00・夏季9:00～17:00]

立ち寄りスポット

蓬莱橋ミニギャラリー 誠一庵

蓬莱橋を渡った先で庵を構えている彫刻家の土屋誠一さん。石像を掘っている姿を見かけるかもしれない。蓬莱橋縁結び地蔵などは土屋さんの作品だ。500円程度の厄無し石や石ころ彫刻も販売しており、記念に手に入れておきたい。[蓬莱橋右岸すぐ、090-3447-5287、土～月曜と祝日に在庵]

立ち寄りスポット

えいたろう

橋を渡ってすぐ、笑顔で迎えてくれるのが「えいたろう」の久門栄太郎さんだ。蓬莱橋お渡り記念木札等も販売しており、橋近くに住む生き物のこと、見どころなども教えてくれる。蓬莱橋について詳しく知りたいならぜひ久門さんに尋ねてみよう。[蓬莱橋右岸すぐ、090-9934-3696、ほとんどの日に在店]

⑤ 福禄寿 ◀ ⑥ 寿老人 ◀ ⑦ 布袋尊 ◀ 中條景昭之像公園

ミニ七福神

蓬莱橋七福神

蓬莱峡七福神は、山道へのウォーキングコースとなっている。観光のついでに手軽に七福神巡りできるおすすめのコースだ。

カエルの石像近くに安置された寿老人

茶畑へと続く道へと出合う

向かって左手に安置された布袋尊。茶畑と草むらの間に隠れるように鎮座しているため、見つけにくい

牧之原大茶園の美しい景色を見ながら、坂道を上っていく

徳川の幕臣にして、牧之原大茶園の基礎を築いた中條景昭の像が置かれた広場へ。天気がよければ富士山と茶畑のコントラストが美しい景観が望める。この後、時間と体力に余裕があれば、さらに先を歩き、蓬莱七福神の守護寺である法林寺（住職不在）へ参拝するのもお勧めだ

岩の上に鎮座している毘沙門天

弁財天。この辺りまでの七福神は見つけやすい

途中で二手に分かれる。左側の山道になっている蓬莱峡の方へ進もう

延命長寿の神様・福禄寿

途中、山の中にタヌキの置物がいくつか並んでいる狸林がある

まずは蓬莱橋を渡る前に、番小屋で渡橋料（大人100円）を支払う。全長897.4mの橋を渡り、対岸へ

橋を渡ってすぐの右手に恵比寿天が出迎えてくれる。見落としがちなので注意が必要

左手の順路の方へ向かうと吉祥天女が見えてくる。吉祥天女も七福神に数えられていたこともあるので、ぜひお参りを

山道を登っていくと大黒天が安置されている。この辺りに来ると、観光客も少なくなってくる

本光寺の七福神

ほうこうじのしちふくじん

静岡市清水区由比617　☎054(376)0088

駿河湾を一望する景勝地 見事な木造七福神を祀る

1331年開創の日蓮宗のお寺。もとは蒲原慶徳地に建立され、慶徳寺と称したが、武田信玄との戦いによって蒲原城が落城し、兵火に焼かれた。数年後に再興され、本光寺と改称。駿河湾を一望できる景勝地に建ち、山上の釈迦堂から観る日の出は雄大絶景。また、山腹の朝日日蓮堂に安置された本尊は、総本山身延山久遠寺より授与された日蓮聖人の若き32歳の姿を祀ったもので1772年に建立された。「朝日のお祖師さま」と呼ばれ、多くの参詣者が訪れる。毎朝5時45分より修養会、6時30分に梵鐘をつき、参拝者と共に読経・唱題・法話を行っているという。境内には、600~700年頃の古代豪族の墓や万葉歌碑も立つ。こちらの東海七福神殿には、一木造りの七福神が七体揃いで祀られている。霊験あらたかな姿は神々しく、芸術作品としても価値が高い。

七福神はこちらの神殿に安置されている。基本的に参拝は自由

旧庵原郡を治めていた豪族の墳墓。7世紀前半代の県下最大級の荘厳な環頭太刀が出土している

course 07

焼津七福神《やいづしちふくじん》

焼津市街地と海沿いをめぐるドライブコース

焼津七福神は、現在、コースとして推奨はしていない。また、観光寺ではないため住職不在時は御朱印を受けられない。お寺や檀家さんのご迷惑にならないように参拝しよう。

①	法華寺《ほっけじ》	弁財天	焼津市花沢3 ☎054-626-0905
②	法昌寺《ほうしょうじ》	寿老人	焼津市大覚寺2-16-8 ☎054-627-6969
③	正岳寺《しょうがくじ》	毘沙門天	焼津市小柳津252 ☎054-627-2141
④	泰善寺《たいぜんじ》	布袋尊	焼津市中根388 ☎054-624-2285
⑤	成道寺《じょうどうじ》	福禄寿	焼津市一色460 ☎054-624-6060
⑥	信香院《しんこういん》	恵比須	焼津市小川3481-7 ☎054-624-3920
⑦	海蔵寺《かいぞうじ》	大黒天	焼津市東小川6-21-4 ☎054-620-3588

静岡県西部 エリア

course 08

遠州七福神《えんしゅうしちふくじん》

1. 増船寺
   ▼ 車で10分
2. 官長寺
   ▼ 車で38分
3. 松秀寺
   ▼ 車で14分
4. 福王寺
   ▼ 車で12分
5. 法雲寺
   ▼ 車で14分
6. 極楽寺
   ▼ 車で27分
7. 永江院

遠州地域をぐるりと周遊
毎年巡礼したくなる七福神

所要時間

1日コース
（移動時間約115分）

移動距離	約70km
移動手段	車
問い合わせ	0548-63-2374（事務局・増船寺）

不在の場合は拝観できないこともあるので、事前に事務局に連絡しておくと安心。

立ち寄りスポット

fruit cafe NiJi

名倉メロン農場のカフェ。カットメロン、メロンパフェなどを一年を通していただける。

[袋井市山崎4334、0537-48-5677、10:00〜17:00、土日祝のみ営業](平日の場合は要予約)

1976年開眼の遠州七福神は、御前崎・袋井・磐田・森町・掛川と広域に及ぶコースとなっている。観光コースとして比較的確立されているため、プラン・グッズ等も充実。5人以上で事務局に予約して祈祷料を支払うと、各お寺で祈祷・法話・お茶のもてなしを受けられる手厚いプランを用意している。7回巡礼すると満願記念の記念品もいただけるそう。毎年、年初めの頃はバスツアー等も組まれ、大勢の参拝客が訪れる人気コースだ。また、各お寺にそれぞれ名物となっている花があるので、それを目当てに初夏に参拝に来る人も多いという。静岡方面からは参考ルート通りに増船寺から、浜松方面からは逆ルートの極楽寺から廻るのがお勧めだが、初めての場合は事務局である増船寺からスタートするのが安心だ。

ご利益 七福神グッズ

七ヶ寺の祈祷･法話･お茶･絵馬付き
一人1000円
5人以上で予約をすると、一人1000円で祈祷･法話･お茶･絵馬･各寺の記念品がセットになったプラン。しかも、絵馬は福引券付き。当たりが入っていた場合は、次回参拝時に記念品と交換してもらえる。ぜひ5人以上で訪れたい。

納経帳（御朱印集め）
400円＋御朱印各寺100円
7回巡礼する場合は、こちらを手に入れて毎回持参しよう

納経帳（御朱印集め）
700円＋御朱印各寺100円
各お寺の紹介が記載された納経帳

七福神色紙
800円
＋御朱印各寺100円

七福神湯のみ 800円
熱い飲み物を注ぐと絵柄が浮き出る不思議な湯のみ。官長寺で販売

官長寺オリジナル色紙
お札付1000円

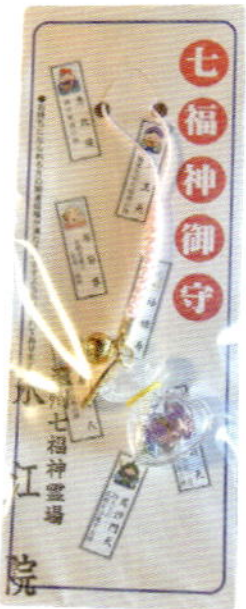

七福神御守
400円
永江院で販売

布袋尊のお札
300円
永江院で販売

七福神おみくじ
200円～
七福神の御尊像が入ったおみくじ。増船時、官長寺、福王寺、法雲寺、極楽寺で対応

毘沙門天

① 増船寺
ぞうせんじ

御前崎市白羽3105-1 ☎0548(63)2374

七福神めぐりの事務局、珍しい朱桐の花に注目

静岡県最南端にある海と灯台の街・御前崎。風光明媚な立地にある増船寺は、珍しい朱桐の花を見ることができるお寺だ。1450年に真言宗嵯峨多宝院の末寺として開創され、蔵泉寺と称していたが衰退。1593年に再興され、曹洞禅に改める。1666年には漁夫の安全と幸福を願い、増船寺と改称された。静かな佇まいの境内では初夏にはアジサイが見頃を迎え、また、書院の裏にある木立を借景とした庭園では素朴な植物の様子を鑑賞できる。御前崎市指定文化財になっている青銅製地蔵菩薩尊像をはじめ、円山応挙の幽霊画、一休禅師の書、本堂東側に安置された龍頭観音などの文化財も所蔵。七福神は本堂入って左側に安置されている。

蔵を改装して、毎月第1・2水曜は「お寺でのんびりコーヒーとタイ古式トリートメントの日」を実施。詳細はSNS等で確認を。

キリの花の多くは薄紫。朱色のキリは非常に珍しい。7〜9月頃に鑑賞できる

恵比寿

② 官長寺《かんちょうじ》

御前崎市佐倉566　☎0537(86)2444

長寿とぼけ封じも祈願 開創350年のお寺

遠州灘の海岸線から北へ２㎞ほどの丘陵地に佇む官長寺は、１６６０年に開かれた曹洞宗のお寺。開創３５０年を迎え、法灯は27代の住職によって脈々を受け継がれている。本堂は老朽化により１９９９年に、庫裡は２０１１年に新築されたばかり。境内には樹齢３００年余りと云われる大蘇鉄が寺の歴史を見守り続けている。本尊は延命地蔵菩薩。山門脇には等身大のぼけ封じ地蔵と六地蔵が参拝者を迎える。六地蔵には水琴窟も併設。美しい水音を確かめたい。布袋尊のお腹に見立てたというホテイ草も見どころの一つ。

弁財天

③ 松秀寺《しょうしゅうじ》

袋井市富里453　☎0538(23)3079

家康直筆の願書を所蔵。足腰強化を祈願したい

１５０１年開創の曹洞宗の古刹。開創の翌年に福田海岸に漂着した延命地蔵菩薩が本尊で、行基の作と伝えられる。目を患っていた徳川家康が、鷹狩りの折に薬師如来に祈願した際の家康直筆の願書を所蔵し、本堂でその写しを観ることができる。弁財天は本堂内と竜財池（弁財池）の御堂に祀られる。6月中旬に弁財天祭を開催。山門横の観音堂は朝観音と呼ばれ、早朝に参拝すると足腰が丈夫になるという。わらじ守りも注目したい。なお、竜財池にはお釈迦様の花と云われるスイレンが群生した。初夏になると清らかな美しさを楽しませてくれたが、数年前環境の変化により全滅。復活を願いたい。

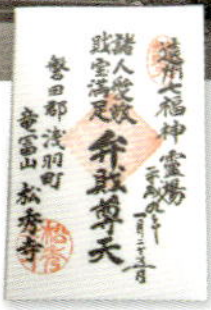

福禄寿

④ 福王寺

ふくおうじ

磐田市城之崎4-2722-1

☎0538(35)7272

遠州最古級の山門を持つ安倍晴明ゆかりの古刹

一千年前に開創された後、500年ほど前に順徳天皇第三皇子・寒巌義尹禅師の曽孫天翁義一禅師によって曹洞宗のお寺として再興された。開創当時、遠州を襲った大暴風雨が何日も止まず、京都より諸国行脚中の安倍晴明の祈祷により、嵐が鎮められたという。多くの人々の災難を救ったことにより、山号を風祭山とし、以来、風祭りの行事が行われている。境内には晴明を祀る晴明堂のほか、晴明の祈祷の旧跡、雄大な孟宗竹林を背景にした大庭園（萬両園）がある。本尊は行基作の厄除聖観音菩薩で、重要文化財。福禄寿は、晴明堂に晴明大権現、風神とともに祀られている。山門は別名三門ともいい、1599年に建てられ、遠州最古級のもの。初夏に境内を彩るフジの花にも注目したい。

大黒天

⑤ 法雲寺《ほううんじ》

磐田市向笠西374 ☎0538(38)0432

たくさんのアジサイが咲く「磐田あじさい大黒寺」

法雲寺の裏手は、向笠氏の代々の居城であったと伝えられる向笠城があったという。数多くの古墳が重なり合う磐田原大地の東南端にあり、1634年の開創。本尊に聖観世音菩薩を祀る曹洞宗の寺で、遠州三十三観音霊場にもなっている。初夏に咲き乱れるアジサイのほか、初春に花開くウメの花も見事。ぼけ除けの不老楽逝観音・軍神豊栄稲荷・子育延命地蔵・水子地蔵が祀られる。木彫りの大黒天は本堂内で拝観できる。

寿老人

⑥ 極楽寺《ごくらくじ》

周智郡森町一宮5709 ☎0538(89)7407

アジサイが群生する奈良時代開創の古刹

山内には約13000株30種類以上のアジサイが群生し、「あじさい寺」として古くから親しまれているお寺。養老年間に創建されたと伝えられ、本尊は阿弥陀如来。他にも多くの秘仏が合祀されている。平安時代には大いに隆盛したが、やがて衰微。1629年に可睡斎二十一世貴外嶺育がこのお寺の荒廃を惜しみ、堂宇を再興。曹洞宗の禅林に改宗され、現在に至る。寿老人は本堂の右側に祀られている。不在の際は本堂内に入って拝観ができないので、事前に連絡しておくのが確実。拝観は9時～17時まで。

布袋尊

⑦

永江院《ようこういん》

掛川市和光3-12-2 ☎0537(22)2917

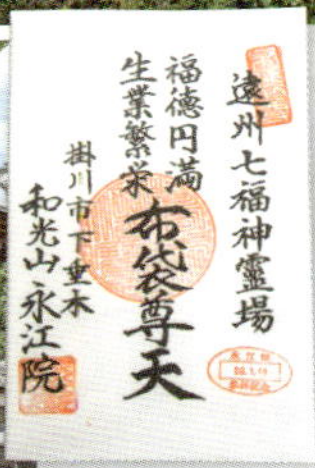
遠州七福神靈場
福徳円満
生業繁栄
布袋尊天
掛川市下垂木
和光山永江院

山内一豊が寄進した総門。龍の彫刻が施されている。この龍は、建立当時、門前の池の水を呑みに出かけたという。近所の人々が恐れるので、周囲に金網を張り、出られないようにしたという逸話がある

山内一豊寄進の山門など文化財を多数保管

豊臣秀吉や徳川家康に仕え、関ヶ原の戦いでの功績で掛川から土佐へ移り、一国の領主となった山内一豊。その一豊の城下町として栄えた掛川にある永江院は、1489年に龍穴庵として以翼禅師が開創し、1518年に永江院と改めた。1603年に堂宇は罹災し、1793年に再建し現在まで残されている。本尊は釈迦牟尼仏。

本堂には、明治維新の英傑・山岡鉄舟の筆による豪快な襖書があり、10月～2月末に公開される。また、三間×二間半の雄大な釈迦涅槃図があり、こちらは2月中に公開。江戸時代末に描かれた初代豊玉初弟子玉真初版の七福神短冊も所蔵しているが、こちらは残念ながら非公開だ。春にはサクラが見頃を迎える。また、スダジイ・ヤマモモ・ナナイノキ・アラカシなどが植えられた掛川市指定保存樹林も所有している。

course 09

浜名湖七福神《はまなこしちふくじん》

奈良～平安開創の古刹をめぐる浜名湖周遊コース

浜名湖を一周ドライブするように巡るコース。浜名湖周辺には、グルメスポットやレジャースポットも充実。浜松駅近辺、浜松城の周辺を通るので、その他の観光地を一緒に巡るのもお勧めだ。「浜名湖七福神」は、高野山真言宗寺院七カ寺から構成されている。高野山真言宗は、今から約千二百年前に弘法大師空海が大成した真言密教の教えを教義とする宗派で、高野山奥之院・弘法大師御廟を信仰の源泉としている。いずれも奈良から平安初期の開創の古刹で、七福神のほか、仏像や庭園、美術品などといった貴重な文化財を所蔵するところが多い。浜名湖七福神専用の朱印帳や色紙を各寺で用意しているそう。御朱印も一緒に集めたい。

所要時間

1日コース

（移動時間約140分）

移動距離 約74km

移動手段 車

問い合わせ 053-594-0196（事務局・応賀寺）

不在の際は事務局にて専用朱印帳・色紙に御朱印を押してもらうことが可能。

1 **岩水寺**

車で31分

2 **長楽寺**

車で26分

3 **大福寺**

車で4分

立ち寄りスポット

猪鼻湖神社

風光明媚な浜名湖の中に浮かぶように鎮座する、天下泰平・家運隆昌・海上安全・五穀豊穣・縁結びの神様として知られる神社。[浜松市北区三ヶ日町下尾奈2258]

立ち寄りスポット

新居関跡

徳川家康によって創設された関所。資料館を併設している。周辺は宿場町の雰囲気が漂い、飲食店も多い。[湖西市新居町新居1227-5、053-594-3615、9:00〜受付16:30、要入館料]

4 摩訶耶寺

◀ 車で36分

5 応賀寺

◀ 車で33分

6 鴨江寺

◀ 車で9分

7 遠州信貴山

ご利益 七福神グッズ

奉納宝船絵馬 500円
七福神守り 500円
岩水寺、遠州信貴山にて販売

浜名湖七福神朱印帳 1000円　**七福神色紙** 1800円

各寺で購入可能できる浜名湖七福神限定色紙や朱印帳。七ヶ寺を巡拝して朱印を集め、福を呼び込もう。上記に加え、各寺の朱印料が必要。

福禄寿

① 岩水寺

がんすいじ

浜松市浜北区根堅2238　☎053（583）2741

福禄寿以外に大黒天も祀る

赤池地蔵が祀られた赤池

龍神の化身である女性が本尊

高野山真言宗の別格本山。725年開山。総本尊は嵯峨天皇の病魔を退散したと云われる薬師如来で、行基作と伝わる。また、本尊は天竜川龍神の化身である厄除子安地蔵で、こちらは弘法大師作と伝えられ、国指定重要文化財指定。通常お地蔵様は男性だが、このお地蔵様は田村将軍の母である玉袖姫（龍神様）の化身であり、女性。母であるがゆえに、家を護る事・家内安全・商売繁盛・交通安全・厄除けといった家族の幸せと、女性であるがゆえに、縁結び、安産祈願、子授け、お宮参りといった家の繁栄に功徳が高いとされ、昔から「家をまもるは岩水寺」と言われた。地蔵堂の賽銭箱横に福禄寿が祀られている。境内には600本の桜があり、桜まつりも催されるので花見の時期には特に注目したい。

寿老人

② 長楽寺《ちょうらくじ》

浜松市北区細江町気賀7953-1 ☎053(522)0478

遠州三名園の庭園や文化財は見逃せない

平安時代初期に弘法大師によって開創されたといわれる。徳川氏や近藤氏からの信仰を集め、巨岩のふもとに七堂伽藍が建ち並び栄えた。本尊の馬頭観音は、古来より人々の信仰を集めている。春になると本堂跡までの梅のトンネルに白や紅の花が芳香を漂わせ、多くの参拝客が訪れる。また、ドウダンツツジを植えた庭園は、遠州三名園の一つ。「長楽寺」の扁額は隠元禅師の高弟・独湛禅師の筆。そして、山門は江戸時代、土塀は室町時代の作。拝観料300円。不在寺でも拝観は可能。

布袋尊

③ 大福寺《だいふくじ》

浜松市北区三ヶ日町福長220-3 ☎053(525)0278

国指定重要文化財を複数所蔵した宝物館も

875年に教待上人によって開創された古刹。本尊は浜名薬師として知られる薬師如来。本堂周辺には10月～3月まで咲く冬咲きのサクラ「半歳桜」も有名だ。また、室町時代から伝わる大福寺納豆も有名で、11～5月頃まで販売。布袋尊は参道左手の寺務所内にあるため、参拝の際は寺務所に声をかけよう。布袋尊おみくじや、布袋尊耳かき、七福神おみくじなど、七福神関連のアイテムも充実。不在時は拝観できないので、予め確認してから訪問を。宝物館・庭園は拝観料500円が必要。

大黒天

❹ 摩訶耶寺《まかやじ》

浜松市北区三ケ日町摩訶耶421 ☎053(525)0027

座視鑑賞式池泉庭や重要文化財所蔵の名刹

726年、聖武天皇の祈願寺として開創された大乗山摩訶耶寺。古くから厄除けの寺として知られ、袋井の法多山、祝田の善明寺の観音様と並び、三姉妹観音と称され、その長女が摩訶耶寺の本尊なのだという。この本尊は、奈良時代から現在まで、度重なる兵火・天災から守られ、受け継がれている。また、平安末期から鎌倉初期の日本の中世庭園を代表する座視鑑賞式池泉庭や、宝物館に所蔵される国指定重要文化財の不動明王像や千手観音像、県指定文化財の阿弥陀如来像なども拝観しておきたい(拝観料400円)。大黒天は本堂内にあり、住職不在の場合は拝観できないが、大福寺および応賀寺で大黒天朱印をもらうことが可能。

恵比寿

❺ 応賀寺《おうがじ》

湖西市新居町中之郷68-1 ☎053(594)0196

浜名湖を渡ろうとする弘法大師を救った寺

724~729年に聖武天皇の勅願寺として行基菩薩によって開創。弘法大師が浜名湖を渡ろうとした際、強風が吹き、波に煽られるも対岸の光を目標に岸に着いた。この光が応賀寺の本尊・薬師如来の光背だったことから、弘法大師はこの寺を光る鏡の山、喜びに応ずる寺として「鏡光山　応賀寺」と名付け、海上安全と息災安穏を祈願する霊場とした。2月3日の星祭りや11月3日の薬師如来ご開帳は大勢の参拝客で賑わう。多数の文化財を展示する宝物館の拝観は予約制。

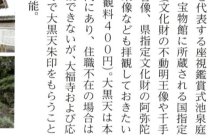

弁財天

6 鴨江寺《かもえじ》

浜松市中区鴨江4-17-1 ☎053(454)5121

弁天堂の屋根瓦にも弁財天が鎮座

芋掘長者が発願し、行基菩薩が開創したと伝えられる。本尊は聖観世音菩薩。1583年には徳川家康が善光寺如来を鴨江寺に遷座した。彼岸の「お鴨江まいり」が有名で、春秋の彼岸には大勢の参拝者が訪れる。また、1月1日~7日には初詣・元朝大護摩供、2月には星まつり、毎月1・8・28日には不動明王護摩供が行われる。近年はペット供養に訪れる参拝者も多い。幼稚園も隣接しているため、比較的人の気配があるお寺。弁財天は山門近くの池のほとりの弁天堂に祀られている。屋根瓦にも弁財天が鎮座しているので、ぜひ確認を。

毘沙門天

7 遠州信貴山《えんしゅうしぎさん》

浜松市中区中沢町81-26 ☎053(472)6671

最古の毘沙門天王の分身を祀る古刹

約千四百年前、大和国の山で聖徳太子が仏敵物部守屋討伐を祈願したところ、寅をお供にした毘沙門天王が出現し、戦勝の秘法を授けた。この時が寅の年、寅の日、寅の刻だったという。聖徳太子はこの山を信ずべき貴ぶべき山として「信貴山」と名付け、日本で最初に毘沙門天王を祀ったと言われている。遠州信貴山ではこの御本山の毘沙門天御分身を還座に祀る。商売運、金運、受験等の勝ち運アップに、寅の日詣りがお勧め。毘沙門天は本堂内に安置。受付に声を掛ければ近くまで参拝可能。木彫りの大黒天も趣深い。

course 10

浜松七福財天《はままつしちふくざいてん》

七福神を広めた家康公 ゆかりの地で七福神をめぐる

七福神の信仰は、徳川家康公が江戸幕府を開いた際に名僧天海大僧正が天下泰平と万民の富楽を願って広く一般に広められたという。浜松には、天下人となった家康公が築城した浜松城があり、29～45歳までの17年間を過ごしたことから出世城と呼ばれている。浜松七福神は、そんな浜松市内を車でめぐるコースになっている。巡拝するうちに、不思議と心が安らいでくる。家康公にもあやかりつつ福運と財を授けてもらいたいものだ。

ご利益 七福神グッズ

冨春院の御朱印

冨春院では、七福神の御朱印を用意している。寺務所が不在でも、自分で印を押して御朱印を手に入れることができる。

所要時間

1日コース

（移動時間約115分）

移動距離	約49km
移動手段	車
問い合わせ	各所

ほとんどのお寺は、不在でも本堂や敷地内で拝観可能。御朱印が必要なら問い合わせを。

① 常久院 ▶ 車で10分

② 甘露寺 ▶ 車で23分

③ 円福寺 ▶ 車で42分

立ち寄りスポット

浜松城

徳川家康公が天下取りの夢をつかんだ浜松城。登城記念の御城印も販売している。[浜松市中区元城町100-2、053-453-3872、8:30〜16:30]

立ち寄りスポット

方広寺

半僧坊浜松別院の本殿である方広寺。精進料理や座禅、写経、写仏等も行える。[浜松市北区引佐町奥山1577-1、053-543-0003]

4 冨春院
◀ 車で4分
5 好徳寺
◀ 車で14分
6 半僧坊浜松別院 正福寺
◀ 車で22分
7 養源寺

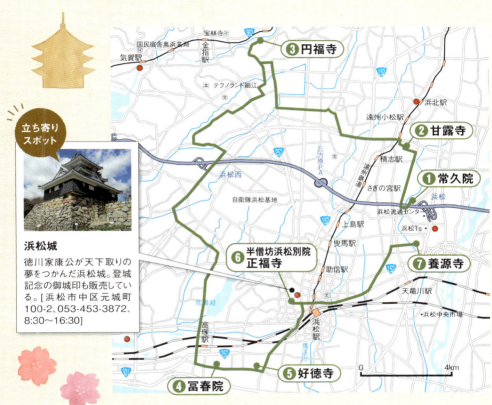

恵比須

❶ 常久院《じょうきゅういん》

浜松市東区上石田町1758
☎053(434)2590

山門の前の大きな松が印象的 木彫りが美しい恵比寿

蘭室呑秀大和尚により、1570年に開創したと伝えられる。十一面観世音菩薩を本尊に祀る。境内に薬師堂も。恵比須は本堂内に安置されている。朝から夕方までは本堂が開かれており、中に入り、拝観することが可能。

弁財天

❷ 甘露寺《かんろじ》

浜松市東区中郡町1026　☎053(434)5320

桃山方式の技法を伝える優美な中門は要チェック

臨済宗方広寺派の古刹。もとは真言宗の流れを汲む寺だったが、室町時代に臨済宗に改宗。1467年の応仁の乱で全焼、また1864年には中門と楼門以外を焼失したが、焼け残った中門は桃山方式の技法を伝える歴史的建造物として文化財の指定を受けている。本尊は釈迦牟尼仏。境内には、徳川家康公が浜松城在城中にたびたび立ち寄り、香気を賞賛したという甘露梅の木がある。弁財天は、境内に入って左手に安置されている。防犯上、鍵がかかっているので、中に入って参拝したい場合は寺務所に声をかけよう。

家康公が「未開紅甘露梅」と名付けた梅の木

大黒天

❸ 円福寺《えんぷくじ》

浜松市北区都田町286-1 ☎053(428)2654

長寿・学問・健康・安全・厄除・開運・出世などを願う

龍室吟大和尚により、1573年に創建された古刹。本尊は延命地蔵願王菩薩で、境内には観音菩薩、弘法大師を祀るお堂もある。本堂内には木造の大黒天が祀られている。庭園の奥に大黒天と一緒に恵比須天が安置。長寿、学問、健康、安全、厄除、合格、開運、出世、繁昌、願事を願おう。

寿老人

❹ 冨春院《ふしゅんいん》

浜松市南区小沢渡町482 ☎053(447)1855

たくさんの仏像に出合える浜風を感じる静かなお寺

臨済宗方広寺派の寺院。室町時代の終わりの1555年に寶室詮大和尚により開創し、明治時代の廃仏毀釈により、同町内にあった東江院と泰龍寺と合併している。本尊は延命地蔵願王菩薩。境内には馬頭観音等の石像、本堂内には釈迦涅槃像・如意輪観音・千手観音等の木彫りの仏像と、たくさんの石像・仏像が祀られている。寿老人は、本堂内右手奥の仏堂に祀られている。御朱印もあり、見本を参考に自分で押印をすることができる。

布袋尊

5 好徳寺《こうとくじ》

浜松市南区堤町135
☎053（447）2796

手入れされた花木が美しい静かな古刹

1594年に、臨室源大和尚により開創されたお寺。境外佛堂に、馬頭観音菩薩を祀る観音堂がある。本堂入って左手奥に、木彫りの布袋尊が祀られており、自由に拝観が可能。静かに参拝しよう。

福禄寿

6 半僧坊浜松別院《はんそうぼうはままつべついん》 正福寺《しょうふくじ》

浜松市中区高町213
☎053（452）4421

方広寺奥山半蔵坊の別院 地域に親しまれるお寺

1889年に浜松市北区引佐町にある臨済宗大本山方広寺（奥山半蔵坊大権現）が設けた祈祷所で、現在は方広寺別院正福寺と称している。住職は方広寺管長が務める。奥山半蔵坊は、徳川四天王・井伊直政の母の出身である奥山家ゆかりのお寺。テレビドラマで話題になり、多くの参拝客が訪れるお寺だ。本堂中央真ん中に半蔵坊が祀られ、その右側に福禄寿が祀られている。本堂は通常開かれていないので、拝観の際には寺務所に声をかけよう。事前に連絡しておくと確実。

毘沙門天

7 養源寺《ようげんじ》

浜松市東区下石田町1425
☎053（421）4934

家福と財宝を与えてくれる毘沙門天の御朱印もあり

1570年に智翁文察和尚により創立。毘沙門尊天は本堂の中に祀られ、平安時代後期の作。平安時代の藤原観音が祀られているお堂もある。

愛知県東三河エリア

course 11

東海七福神《とうかいしちふくじん》

立ち寄りスポット

弥八島の弁財天

弥八島緑地に車を停め、展望台から望む海岸線の景色は観光ポイント。弥八島には弁財天が祀られている。[田原市高松町弥八島]

所要時間

1日コース

（移動時間約83分）

移動距離	約46km
移動手段	車
問い合わせ	0531-32-0460（事務局:潮音寺）

参拝は基本的に自由で、御朱印も用意されている

1 城宝寺 ◀ 車で18分

2 成道寺 ◀ 車で8分

3 泉福寺 ◀ 車で12分

4 潮音寺 ◀ 車で11分

立ち寄りスポット

道の駅 伊良湖クリスタルポルト

フェリー・高速船のターミナルでもある道の駅。やしの実博物館や食事処、土産物などの販売を行う。[田原市伊良湖町宮下、0531-35-6631]

奈良〜平安の開創の古刹をめぐる。専用の朱印帳や色紙もあり

三河湾国定公園に指定される渥美半島の先にある田原市。東海七福神は、昭和33年に開眼し、名刹七ヵ寺に七福神を祀り、信仰と観光を兼ねて参拝できるように設定されている。渥美半島には、家康公が鷹狩りの際に立ち寄った場所などの由縁を持つ場所もあるので、歴史を思いながら散策してみるのもおもしろい。2018年には、開眼60周年を迎え、限定記念グッズも製作。残りがあれば、購入が可能だそうだ。かつては一日にバスが120台来るほどの観光ルートとして栄えたことも。田原市の名産品などのグルメも味わいながら周りたい。

⑤ 常光寺
◀ 車で9分
⑥ 法林寺
◀ 車で11分
⑦ 瑪瑙寺

ご利益 七福神グッズ

記念色紙は、ほとんどのお寺で購入可能。不在の場合は購入できないので、確実に手に入れたいなら事前に確認を

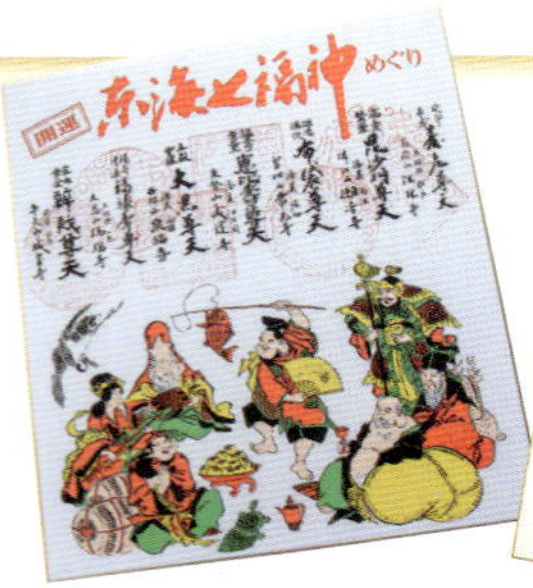

七福神色紙（御朱印集め）
1000円＋御朱印各寺100円

潮音寺限定
七福神色紙（御朱印集め）
1000円＋御朱印各寺100円

出開帳七福人形
おきつね入り
2500円
手作りで作っているかわいい七福神。

手作り出開帳七福人形
2000円
茶枳尼天が入った8体で販売。潮音寺限定販売

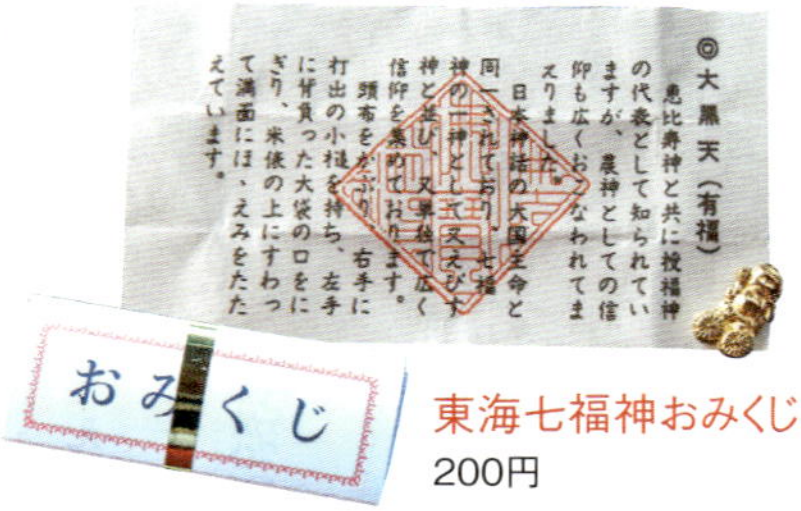

東海七福神おみくじ
200円
おみくじの中には七福神の御尊像が1体入っている。財布の中に入れておくと、福がたまるそう。各お寺それぞれの御尊像7体集めるのもお勧め

根付けお守り
700円
輪数珠型、薄型、厚型の3種類を販売

東海七福神 七福帳
700円＋御朱印各寺100円
各お寺の紹介と御朱印帳が一緒になった七福帳。こちらもほとんどのお寺で購入可能。

クリアファイル
300円
お寺のmapや連絡先が記載された、かわいいクリアファイル

弁財天

① 城宝寺《じょうほうじ》

田原市田原稗田48　☎0531(22)0076

古墳や美しい天井画が見どころのお寺

811年に弘法大師がこの地で観行したと伝えられ、1398年に幸徳和尚により中興し、幸徳寺と称したが、戦国時代に田代城鎮護の寺として城宝寺と改称した。本尊は阿弥陀如来。渥美半島最大級の古墳があり、境内に幕末の先覚者・渡辺崋山とその一族の墓所がある。崋山を祀る位牌堂には、色鮮やかな「花の絵」の天井画が描かれている。これらは、当時一流の画伯達の作品。弁天堂には、弘法大師作と伝えられる弁財尊天を祀っている。徳川家康公にもゆかりのある地として観光スポットにもなっている。付近には、田原城跡に建設された田原市博物館、崋山の居宅を復元した池ノ原公園などの史跡もある。

愛知県指定史跡になっている城宝寺の古墳。玄室は原形をとどめ、良質に保存されている円墳。副葬品はないが、珍しい片袖式の横穴石室の構造

恵比寿

❷ 成道寺《じょうどうじ》

田原市江比間郷中10 ☎0531（37）0553

恵比寿以外に毘沙門天、弁財天も含祀

1453年に再興されたと寺歴に残る。本尊は阿弥陀如来で、行基菩薩の作と伝えられる。古老の語るところによると、本仏と共に安置される観音像は七ツ山の中腹に堂があり、渥美湾の方に向かって安置されていたが、海上を航行する船が帆を卸さなければならなかったため、成道寺に迎え、反対の方向へ安置されたという。海上安全、福寿無量、生業繁栄の守護神として信仰が厚い。恵比寿の左右に毘沙門天、弁財天も含祀されている。

大黒天

❸ 泉福寺《せんぷくじ》

田原市山田町谷太郎69 ☎0531（32）0785

人里離れた山の中腹にある歴史深い古刹

天台宗の古刹。743年に観音比丘尼菊本（渥美重国の娘）が開山したという伝承が残る。平安時代から鎌倉時代にかけては、比叡山延暦寺の直末寺として、この地方の天台宗の寺院の中核をなしていたという。江戸時代には、徳川家康公から寺領安堵の朱印状が下され、二代秀忠公が鷹狩りの際に宿泊する場所として、渥美半島内でも歴史があるお寺だった。1962年に火災があり、本堂などが消失。現在の本堂は再建されたもの。仏像をはじめ、多くの文化財が残されている。住職は常駐していないが拝観は可能。御朱印も用意されている。

④
潮音寺《ちょうおんじ》

田原市福江町原ノ島37　☎0531(32)0460

2018年10月に豊川稲荷で行われた東海七福神開設60周年の出開帳の様子。七福神が一堂に集まる貴重な機会で、大勢の参拝客が訪れた。毎年、3月と11月には大祭が行われ、バスツアーなどで大勢が巡拝する

東海七福神の事務局があるお寺。ミニ七福神参りもできる

1370年頃、月江正公和尚が諸国行脚の末、風光明媚なこの地に至り、朝夕打ち寄せる潮の音に心を打たれ、安住の地として庵を結び、潮音堂と名付けたという。1674年には潮音寺と改称され、曹洞宗の寺院となった。1959年の伊勢湾台風で山門が倒壊したが、皇居内にあった太田道灌お手植えの大ケヤキの払い下げを受けて、建立し、千代田門と命名した。本尊は厳上観世音菩薩。境内には、松尾芭蕉の愛弟子、坪井杜国の墓がある。また、その横に師弟三吟の碑、種田山頭火・山口誓子・柳原白蓮の碑が立ち並び、文学愛好家の訪れが絶えない。毘沙門天は本堂に祀られている。また、東海七福神奉祀20周年を記念した七福庭園があり、庭巡りをしながらミニ七福神参りができる。

かわいいカエルの水琴窟も。水をかけて音を楽しみたい

大黒天

5 常光寺《じょうこうじ》

田原市堀切除地74　☎0531(35)6902

漁民が海からすくい上げた観世音菩薩が本尊

この地特有の黒松に囲まれた山門をくぐり、境内へと進む。常光寺は足利義政の時、烏丸家二世資任卿の開創。ある時、海の中から白銀の浄光が糸のように天に通じ、延々と輝くので、漁民が不思議がり、網ですくい上げたのが、本尊となっている観世音菩薩だったという。その後この地を訪れた華蔵禅師により、行基の真刻ということが明らかになったとされている。太平洋の荒波を受けて湾曲する白く美しい砂浜「恋路ヶ浜」や、太平洋の荒波の浸食によって中央に洞穴が空いた「日出の石門」などの観光スポットも近くにある。

寿老人

6 法林寺《ほうりんじ》

田原市越戸町大山1025-3　☎0531(45)2428

百花が繚乱と咲く温室と畑に囲まれた景勝地

永平寺を開いた道元禅師の法孫、山翁俊徳禅師により、1534年に開基されたお寺。境内からは、黒潮がおどる太平洋が一望できる。本尊は十一面観音菩薩。1587年、徳川家康公が鹿狩りの途中に立ち寄り、法林寺で休息仮眠した折、夢に鹿を伴った老翁が現れ、「延命長寿を願うなら獲物の霊を祀れ」とのお告げがあり祀を建てたとされ、その後長寿を願う人々の崇敬の念が一段と高まったといわれている。境内にある庚申堂および弘法堂は、昔から村民に親しまれているそう。寿老人は本堂入って右側に祀られている。

福禄寿

⑦ 瑪瑙寺《めのうじ》

田原市高松町一色53　☎0531(45)2202(法蔵寺内)

瑪瑙でできた本尊を祀る景勝地近くのお寺

遠州灘を眺めることができる景勝地。お寺の南側には太平洋が広がり、サーフィンのメッカとして賑わう。1186年、諸国を遍歴した西行法師が、東大寺大仏殿再建の勧進のため奥州に向かう途中、持仏をこの地に納めたという。この仏像が本尊の宝玉瑪瑙観音像であり、瑪瑙でできていることから、瑪瑙庵と呼ばれ、後に瑪瑙寺と改称された。本尊の脇には千体地蔵尊が祀られている。

立ち寄りスポット

太平洋のロケーションが見事な道の駅

●道の駅あかばねロコステーション

田原市赤羽根町大西32-4　☎0531-45-5088
営9:00～18:00（レストランは夏期10:00～17:00、冬期10:00～15:00）　休無休

全国でも珍しいサーフショップがある道の駅。特産品の釜揚げしらすをはじめ、地元の野菜、果物を販売。食事処もある。田原市は花や観葉植物の生産量も多いため、こちらでは植物も多く販売する。4月下旬頃から10月中旬頃までは、店内で冷やしメロンをいただける。田原名産の甘いメロンはぜひ賞味したい。

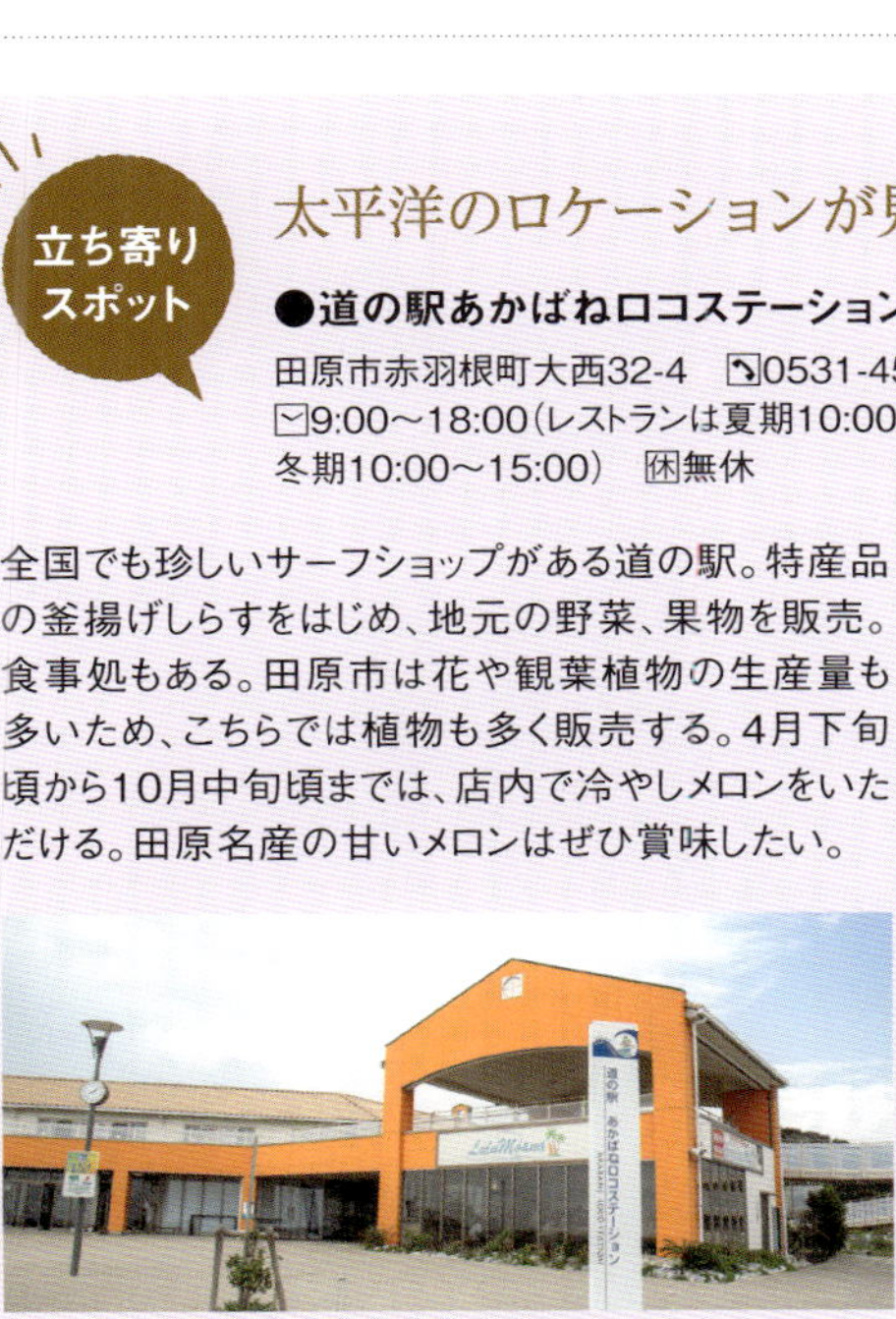

雄大な太平洋が一望できる。展望デッキでは2日前に予約をすればハワイアンバーベキューが楽しめる

course 12

吉田七福神《よしだしちふくじん》

豊橋の市街地から山あいを車でめぐるコース

愛知県豊橋市をドライブしながらめぐる「吉田七福神」は、日進禅寺の達磨大師を加えた8カ寺を巡礼するコース。豊橋は、明治維新を機に現在の豊橋に名を変えたが、戦国時代には三河国の拠点の一つ吉田藩として機能していた地域。豊橋市には、再建された「吉田城」があり、こちらも見所の一つだ。弓張山系を境に静岡県と接し、七福神が安置されているお寺の中には自然豊かな遊歩道を持つところも。時間があったらハイキングも一緒に楽しみたい。

これも見どころ

吉田城跡

復興された吉田城は無料で見学可能。御朱印のお城版も販売。[豊橋市今橋町3、10:00〜15:00、月曜休館]

所要時間

1日コース

(移動時間約90分)

移動距離 約42km

移動手段 車

問い合わせ 各所

お寺によっては不在のこともあるので、予め参拝日時や御朱印の有無等を確認してから訪問しよう。

1 普門寺
▼ 車で27分
2 赤岩寺
▼ 車で13分
3 薬師寺
▼ 車で12分

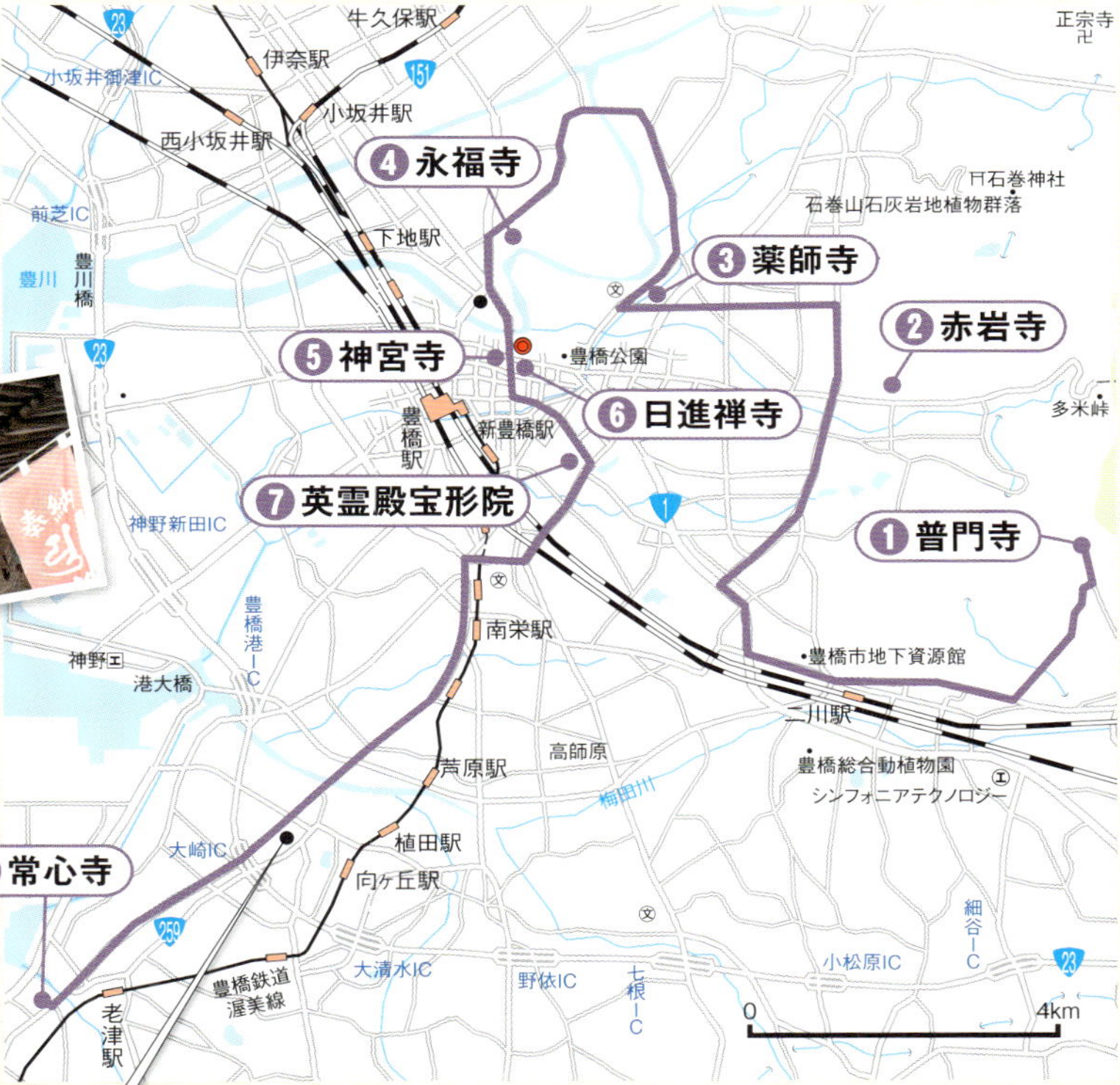

立ち寄りスポット

道の駅とよはし

地元食材や農産物などが購入できるおしゃれな道の駅。[豊橋市東七根町字一の沢113-2、9:00～19:00、年中無休]

4 永福寺
車で6分
5 神宮寺
車で3分
6 日進禅寺
車で7分
7 英霊殿宝形院
車で23分
8 常心寺

大黒天

① 普門寺《ふもんじ》

豊橋市雲谷町ナベ山下7　☎0532(41)4500

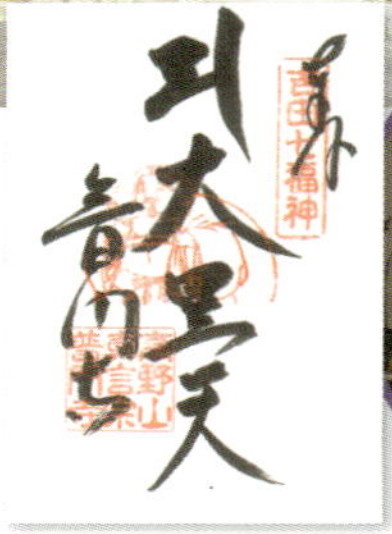

客殿右側に安置されているのが大黒天

大黒天の「御朱印」300円

イロハモミジと国指定重要文化財の古刹

豊橋の「もみじ寺」として知られ、たくさんのモミジが出迎えてくれる。春はサクラ、初夏はアジサイ、秋は紅葉と、四季折々の美しい自然の景色が、訪れる人の目を楽しませてくれる。

1300年前に開創され、源頼朝公や徳川幕府の保護を受けた歴史もある。市内最多の文化財を所蔵する古刹だ。平安時代の作とされる伝釈迦如来坐像、阿弥陀如来坐像、四天王立像4躰、経筒、瑞花双鳥鏡は国指定重要文化財とされている。4月第3日曜日「新緑まつり」と11月最終土・日曜、12月第1土・日曜「もみじ祭り」に収蔵庫ご開帳があるので、このタイミングに合わせて訪れるのもよい。

大黒天である「大黒天立像」は、1542年の造像。客殿中央の右側に安置されている。

1_「開運もみじ守」500円　2_六角形の御籤筒（みくじづつ）を振って細長い棒を引き出し、棒に書かれた数字のおみくじを引き出しの箱から取り出す。レトロな感じがいい　3_旧境内はウォーキングコースになっている。時間と体力に余裕があったら700m約35分の自然歩道を歩いてみたい　4_推定樹齢100年以上のイロハモミジ。緑が美しい季節のモミジもまた見応えあり

2

1

4

3

弁財天

② 赤岩寺《せきがんじ》

豊橋市多米町字赤岩山4　☎0532(62)0012

源頼朝が選んだ 三河の名刹七ヶ寺の一つ

726年に行基によって開かれたと伝えられるお寺。こちらもサクラとモミジが見事な古刹だ。護摩堂には、鎌倉時代のものとされる国指定重要文化財の木造愛染明王坐像が。こちらでは良縁や子宝安産を願いたい。

裏山の赤岩寺自然歩道を登っていくと、展望台や赤岩山城跡、砂防ダム広場なども。サクラの大木があり、七福神めぐりとは別にウォーキングコースとしても楽しめそうだ。

寿老人

③ 薬師寺《やくしじ》

豊橋市牛川薬師町63　☎0532(55)2551

小高い山に佇む 整地された素朴なお寺

百年ほど前、この場所にはクヌギ、クリ、シイなどの常緑樹と落葉樹が混在した自然林があり、さまざまな生き物が生息していたという。今は整地された場所になったが、素朴な場所を伝えようと「草木塔」の碑が建立されている。寿老人はこの「草木塔」の裏側に安置されている。

毘沙門天

④ 永福寺《えいふくじ》

豊橋市下地町字北村26-1　☎0532(55)2317

地元に愛されるお寺 真言を唱え福を呼び込む

町に溶け込んだ、アットホームな雰囲気のお寺。毘沙門天は本堂入って右奥に祀られている。強面の神様は福を呼びこんでくれる。「おんべいしらまんだやそわか」のご真言を7回唱えるとよいそう。

恵比寿天

5 神宮寺《じんぐうじ》

豊橋市魚町79
☎0532(52)6575

平安時代の作とされる木造大日如来坐像も注目

長禅寺という寺院が衰退した跡、1596年に再興されたとされるお寺。ヒノキでできた木造大日如来坐像を所蔵し、制作年代は平安時代後期と推測され、豊橋市指定有形文化財に指定されている。恵比寿天は、本堂左側の赤いお堂の右奥に安置されている。

番外編
達磨大師

6 日進禅寺《にっしんぜんじ》

豊橋市新吉町9
☎186-0532(54)5558

幸福を呼ぶ「幸せ地蔵」とステンドグラスに注目

「吉田七福神」では、縁起物のダルマのルーツである達磨大師も合わせて巡礼するコースを推奨している。本堂にある三仏忌を表すステンドグラスは非常に珍しく、また、幸福を呼ぶ「幸せ地蔵」を目当てに参拝に訪れる人も。不在にしていることもあるので、前日までに電話を入れてから訪問を。※電話の際には番号の前に「186」を付けて電話を

福禄寿

7 英霊殿宝形院《えいれいでんほうぎょういん》

豊橋市向山町字南中畑23
☎0532(53)1593

初春の頃が美しい梅林園の片隅にある寺院

向山緑地内梅林園の入り口左手に佇み、境内は懐かしい雰囲気がある。福禄寿は、本堂入って左側手前に安置されている。梅の季節に、梅林散策がてら訪れるのもお勧め。

布袋尊

8 常心寺《じょうしんじ》

豊橋市杉山町字天津1-6
☎0532(23)0346

イチョウの大木が見事厳かに参拝したいお寺

1663年に豊橋市龍拈寺の末寺として創建。1756年に高波のため、堂宇が大破し、再建されている。本尊は阿弥陀如来座像。布袋尊は本堂に安置され、毎年1月7日に大祭がある。36体のお地蔵様の前にはイチョウの大木が。紅葉の頃は圧巻だ。不在の際は布袋尊を拝観することができないので、事前に電話をしてから訪れよう。

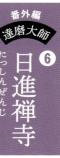

おんたけさん 敬神大教会の七福神

おんたけさんけいしんだいきょうかいのしちふくじん

豊橋市神野新田町ロノ割154　☎0532(31)8595

「吉田七福神」と一緒に参拝したい一箇所七福神

1937年設立、神道と神道修成派の神々を信仰し、神事祭事（お祓い・交通安全・家内安全・お宮参り・七五三・地鎮祭・上棟式など）などを行う教会。一刀彫の7尺7寸の七福神が祀られており、こちらだけで七福神めぐりを完結することができる。また、豊橋市内をめぐる「吉田七福神」の途中で立ち寄ることができるので、合わせて参拝するのもお勧め。

七福神に参拝すると「七難即滅・七福即生」（七つの福徳がさずかり、七つの災難から逃れられる）と言われるが、「おんたけさん敬神大教会」では、次のように考えているという。「七難即滅」は困難・盗難・火難・水難・病難・家難・霊難、「七福即生」は生福・商福・金福・寿福・家福・子福・神福。

7月7日午後7時に七福神大祭が行われ、普段は触ることができない七福神に直接触ることが可能とのこと。たくさんの幸運の「七」にあやかりに、豊橋を訪れた際に立ち寄りたい。

「七福神みくじ」100円。七福神のお守り入り

あいうえお順

INDEX

Staff

編集・制作

(有)マイルスタッフ
TEL:054-248-4202
http://milestaff.co.jp

取材・撮影

河田良子

アシスタント

加賀谷奈都美(いちぼし堂)
西田明日香(いちぼし堂)
山梨加代里(いちぼし堂)

デザイン・DTP

山本弥生
小坂拓也

静岡県+周辺　七福神めぐり　ご利益巡礼さんぽ
〜伊豆・藤枝・浜松・豊橋〜

2019年　12月5日　　第1版・第1刷発行

著　者　ふじのくに倶楽部(ふじのくにくらぶ)
発行者　株式会社メイツ ユニバーサルコンテンツ
(旧社名:メイツ出版株式会社)
代表者　三渡　治
〒102-0093 東京都千代田区平河町一丁目 1-8
TEL:03-5276-3050(編集・営業)
03-5276-3052(注文専用)
FAX:03-5276-3105
印　刷　株式会社厚徳社

ご意見・ご感想はホームページから承っております。
ウェブサイト　http://www.mates-publishing.co.jp/

編集長:折居かおる　副編集長:堀明研斗　企画担当:堀明研斗